SPHINX

Das Buch

Die meisten von uns wissen nur zu gut um die Probleme, die wir im täglichen Leben haben. Wir sehnen uns nach einer helfenden Hand und vergessen, dorthin zu schauen, wo unsere Arme enden.

F. M. Alexander, von dessen Lebenswerk dieses Buch handelt, war ebenfalls ein Mensch mit Problemen, aber gleichzeitig ein Erforscher seiner eigenen Möglichkeiten. Er entdeckte einen einfachen, praktischen Weg, um seine Schwierigkeiten zu meistern. So entstand vor fast hundert Jahren die *Alexander-Technik*, eine Geist-Körper Methode, die mittlerweile in der ganzen Welt mit großem Erfolg angewendet wird.

Diese vorliegende Einführung in die *Alexander-Technik* konzentriert sich auf die Methode, so wie sie sich aus der Sicht der Studenten darstellt. Auf einfache und direkte Weise werden alle praxisbezogenen Fragen dieser sanften und wirkungsvollen Geist-Körper Technik beantwortet. Im weiteren vermittelt dieses Buch auch alle nötigen Hintergrundinformationen dieser ausgewogenen Methode.

Der Autor

Chris Stevens, Erster Vorsitzender der *Society of Teachers of the Alexander Technique*, ist ein erfahrener Lehrer der *Alexander-Technik*. Er arbeitet in Hamburg und bildet dort angehende *Alexander*-Lehrer aus.

Chris Stevens hat verschiedene wissenschaftliche Studien herausgegeben, die auf seinen Forschungen über die *Alexander-Technik* an den Universitäten von London und Kopenhagen basieren.

Chris Stevens

Alexander-Technik

Ein Weg zum besseren Umgang mit sich selbst

SPHINX

Aus dem Englischen von Jürgen Licht

CIP-Titelaufnahme der Deutschen Bibliothek
Stevens, Chris:
Alexander-Technik : ein Weg zum besseren Umgang mit sich selbst /
Chris Stevens. [Aus d. Engl. von Jürgen Licht]. –
Basel : Sphinx, 1989
(Sphinx pocket ; 60)
Einheitssacht.: Alexander technique <dt.>
ISBN 3-85 914-360-3
NE: GT

Originaltitel: Alexander Technique
Erschienen bei Macdonald Optima, London

Illustrationen: Shaun Williams
Gestaltung: Charles Huguenin
Satz: Uhl & Massopust, Aalen
Herstellung: Clausen & Bosse, Leck
Printed in Germany
ISBN 3-85 914-360-3
Bestellnummer 1 500 360

Meiner Mutter

INHALT

Mein aufrichtiger Dank gilt meinen Kollegen und Schülern, besonders Hanne Tietze für ihre sorgfältige Kritik und Walter Carrington, der meine vielen Fehler korrigierte.

VORWORT

Dieses kleine Buch lädt jeden ein, an einem aufregenden Abenteuer teilzunehmen. Meistens wissen wir nur allzu gut um die Probleme und Schwierigkeiten, die wir im Leben haben, doch sind wir uns nicht klar darüber, wie wir uns selbst helfen können. Wir sehnen uns nach einer helfenden Hand und vergessen, dorthin zu schauen, wo unsere eigenen Arme enden.

F. M. Alexander, von dessen Werk dieses Buch handelt, war ein Mensch mit Problemen; aber er war ein guter Forscher, ein Erforscher seiner eigenen Möglichkeiten, seiner Leistungsfähigkeit, seiner selbst. Er entdeckte einen gangbaren Weg, um seine Schwierigkeiten zu beheben. Wenn wir seinem Beispiel folgen, können wir einige seiner Entdeckungen wiederentdecken, und es wird sich zeigen, daß sie für uns ebenso aufregend sein werden, wie sie es für ihn waren. Vor mehr als fünfzig Jahren traf ich ihn zum ersten Mal. Seit er mich damals in seiner *Technik* unterwies, habe ich mein Bestes getan, um seinem Vorbild zu folgen und anderen zu helfen, das ebenso zu tun. Je weiter ich auf diesem Weg vorwärts komme, desto klarer wird es mir, wie weitreichend sein Blick gewesen ist.

Chris Stevens hat eine ähnliche Reise unternommen, und er beschreibt im vorliegenden Buch einige Eindrücke des neuen Landes, das sich ihm dabei offenbart hat. Er kann auf eine reiche Erfahrung in der Anwendung der *Technik* zurückgreifen. Es gehört nicht nur zu seinem Beruf, sie zu unterrichten, sondern er bildet zudem angehende *Alexander*-Lehrer aus. Darüber hinaus engagiert er sich in einem wissenschaftlichen Forschungsprogramm, dessen Ziel es ist, die *Alexander-Technik* einem größeren Personenkreis zugänglich zu machen und ihr mehr Anerkennung zu verschaffen. Es ist nicht leicht, über die *Alexander-Technik* zu schreiben, denn was sie beinhaltet, kann größtenteils nur als subjektive Erfahrung wiedergegeben werden. Wie kann Selbstbeobachtung unserer geistigen und körperlichen Gewohnheiten, die Erforschung unseres Wünschens und Wollens, unserer Gedanken und Gefühle als ein verläßlicher Wegweiser benutzt werden, um damit zu praktischen Ergebnissen zu gelangen oder sogar wissenschaftliche Wahrheiten zu finden?

Hier die Antwort: wenn es uns gelingt, in uns selbst wirklich nützliche Veränderungen zustande zu bringen, dann können die praktischen Ergebnisse objektiv ausgewertet werden, auch wenn die angewandten Mittel unweigerlich subjektiv gewesen sind.

Einen solchen Prozeß jemandem zu beschreiben, der weder über eigene Erfahrungen verfügt, noch solche Resultate bei anderen beobachten konnte, muß äußerst schwierig sein. Hierzu bedarf es einer sehr großen Vorstellungskraft. Aber in diesem Buch kam Chris Stevens der Lösung dieser unmöglichen Aufgabe recht nahe. Die Quadratur des Kreises ist ihm zwar nicht ganz gelungen, aber er konnte das Quadrat ein wenig abrunden und uns zeigen, wie man einige der groben und schwierigen Ecken des Problems entschärfen kann. Das Ergebnis ist ein Buch, das nicht nur praktisch, nützlich und informativ ist, sondern vor allem aufgrund der amüsanten Zeichnungen von Shaun Williams beim Lesen viel Vergnügen bereitet und sehr zu empfehlen ist.

Walter Carrington, London 1987

EINFÜHRUNG

Der Oscar-Preisträger und Schauspieler Paul Newman, der Dirigent Colin Davis und die Autoren Roald Dahl und Edna O'Brien sprechen alle vom geistigen und körperlichen Nutzen, den die *Alexander-Technik* in ihr Leben gebracht hat. Auch der Popmusiker Sting wendet die *Alexander-Technik* an, um sich vor einem Konzert zu entspannen, und Barry Tuckwell, der Horn-Virtuose nutzt sie, um während der Vorstellungen seinen Körper besser zu koordinieren. Der Sportler Howard Payne konnte sich mit Hilfe der *Technik* im Hammerwerfen derart verbessern, daß es ihm gelang den Commonwealth-Rekord zu brechen. Die *Alexander-Technik* hat Tausenden von Menschen aus allen möglichen Lebensbereichen geholfen. Hier nun Äußerungen einiger dazu:

Eduard Maisel[1], Direktor des *American Physical Fitness Research Institute*, schreibt über die Wirkungen der *Alexander-Technik*:

«Die Bewegungen sind durch eine umfassende Flexibilität und eine mit erhöhter Spannkraft verbundenen Leichtigkeit charakterisiert. Es kommt zu einer größeren Beweglichkeit der Augen, zu einer verminderten Anspannung in Ober- und Unterkiefer, zu einer Entspannung von Zunge und Rachen und darüberhinaus zu einer Vertiefung der Atmung. Außerdem empfindet man ein Gefühl der Leich-

Sogar Hammerwerfer können aus der Anwendung der *Alexander-Technik* Nutzen ziehen . . .

tigkeit und stellt fest, daß man sich, um beispielsweise Arme und Beine zu bewegen, viel weniger anstrengen muß, als man es für nötig hielt. Jede Handlung wird frei und fließend, und alles Ruckartige und Schwerfällige verschwindet.»

Dr. Bent Ostergaard, Kardiologe an der Universitätsklinik Aarhus, Dänemark:

«Die *Alexander-Technik* ist eine realistische Alternative zu Beta-Blockern, um den durch Streß bedingten Bluthochdruck kontrollieren zu können.»

British Medical Journal:

«Alexanders Werk ist von überragender Bedeutung, und eine Erforschung von seiten der Medizin ist dringend erforderlich.»

Daniel Pevsner, Mitglied der *British Horse Society*:

«Durch die *Alexander-Technik* verschwanden meine seit langem bestehenden Rückenbeschwerden, und ich konnte meine Haltung und Geschicklichkeit beim Reiten erheblich verbessern. Reiter, die die *Technik* anwenden, machen in ihrer Disziplin immer ganz beachtliche Fortschritte.»

Professor Raymond Dart, Entdecker des *Australopithicus*, des ersten fehlenden Bindegliedes zwischen dem Menschen und seinen affenähnlichen Vorfahren:

«Die Elektromyographie (EMG) und die Elektroencephalographie (EEG) haben Alexanders Einsichten bestätigt und den Wert seiner *Technik* bezeugt, die er um das Jahr 1890 entdeckte und mit der er sowohl durchschnittlich begabten als auch sehr talentierten Erwachsenen lehrte, sich ihres fehlerhaften Umgehens mit ihrem Körper bewußt zu werden, Fehlbelastungen auszuschalten und so ein besseres, d. h. zunehmend geschickteres, Umgehen mit sich selbst zu erreichen, und das sowohl auf der körperlichen als auch auf der geistigen Ebene.»

Paul Collins, kanadischer Meister im Marathonlauf von 1949–1952, Weltrekordinhaber der Senioren in zehn verschiedenen Disziplinen, wie 200-Kilometer-Lauf, 6-Tage-Lauf usw.:

«Mit Hilfe der *Alexander-Technik* gelang es mir, meinen Laufstil derart zu verbessern, daß ich im Jahr 1982 bei den Senioren zehn Weltrekorde aufstellen konnte, nachdem ich fünfundzwanzig Jahre lang wegen andauernder Verletzungen nicht mehr an Wettkämpfen teilnehmen konnte.»

Professor George E. Coghill, Anatom und Physiologe:

«Alexanders Methode begreift den Menschen als ganzes, als eine sich selbst vitalisierende Kraft. Alexander rekonditioniert Reflex-Mechanismen, d. h. lehrt sie, wieder in der ursprünglichen Weise zu reagieren. Damit setzt er ihre Funktionsweise in eine normale Beziehung zu den Funktionen des ganzen Organismus. Ich halte diese Methode für ausgesprochen wissenschaftlich und pädagogisch sinnvoll.»

«Wenn ich schon von der aufrechten Haltung des Menschen spreche . . .»

Australopithicus

– das fehlende Bindeglied . . .

Tony Buzan, Erfinder der ‹mind maps›, Autor von *Use Your Head* und *The Evolving Brain*:

«Die *Alexander-Technik* hat mein Leben verändert. Sie ist das Werk eines anerkannten Genies. Ich würde sie jedem empfehlen.»

George Bernard Shaw, Dramatiker:

«Alexander setzte nicht nur die Anfänge für eine weitreichende Wissenschaft, die sich mit den scheinbar unfreiwilligen Bewegungen, die wir Reflexe nennen, befaßt, sondern auch für eine Technik zur Korrektur und Selbstkontrolle, die eine wesentliche Bereicherung für unsere ausgesprochen mageren Hilfsmittel in der Erziehung der Persönlichkeit darstellt.»

Professor John Dewey, Pädagoge und Philosoph:

«Der Zustand, in dem sich die Welt zur Zeit befindet, zeigt ganz klar, daß die Kontrolle, die wir über physikalische

Energien, Hitze, Licht, Elektrizität usw. erlangt haben, ohne zuerst die Kontrolle über uns selbst sichergestellt zu haben, eine gefährliche Angelegenheit geworden ist. Wenn eine Technik entwickelt werden kann, die es dem Einzelnen ermöglicht, mit sich selbst richtig umzugehen, dann wäre der Faktor, von dem der endgültige Gebrauch aller anderen Energieformen abhängt, unter Kontrolle gebracht. Herr Alexander hat diese Technik entwickelt.»

Sir Charles Sherrington, Nobelpreisträger für Physiologie und Medizin:

«Herr Alexander hat der Wissenschaft, der Physiologie von Körperhaltung und Bewegung, einen Dienst erwiesen, indem er beharrlich jede Handlung als einen Vorgang betrachtete, der das gesamte Individuum, den ganzen psychophysischen Menschen mit einbezieht. Einen Schritt vorwärts zu tun ist also nicht eine Angelegenheit, die ausschließlich auf das eine oder andere Bein beschränkt ist, sondern ein Vorgang, der die gesamte neuromuskuläre Aktivität des jeweiligen Augenblicks betrifft, – nicht zuletzt diejenige von Kopf und Nacken.»

John Cleese, Komiker und Schauspieler:

«Die *Alexander-Technik* ist mir bei meiner Arbeit äußerst hilfreich. Viele Dinge geschehen von selbst, werden leicht und mühelos. Aber man muß schon einen *Alexander*-Lehrer haben, der es einem beibringt.»

Aldous Huxley schreibt über die *Alexander-Technik*:

«Man kann sich nun eine völlig neue Erziehungsform vorstellen, die sich auf das gesamte Spektrum menschlicher Aktivität auswirkt, vom physiologischen Bereich über den intellektuellen, ethischen und praktischen bis hin zum geistigen – eine Erziehung, die Kindern und Erwachsenen das richtige Umgehen mit sich selbst lehren und sie so vor den meisten Krankheiten und schlechten Gewohnheiten bewahren könnte, unter denen sie jetzt leiden.»

W. H. M. Carrington:
«Die aufrechte Haltung von uns Menschen ist eine einmalige Errungenschaft..., ein äußerst empfindliches Gleichgewicht, eine Ausgewogenheit von Kräften, die durch das Zusammenspiel der sensorischen und motorischen Mechanismen herbeigeführt wird, durch das alle muskuläre Anstrengung praktisch ausgeschaltet wird. Die Einzigartigkeit des Ganzen liegt in dieser Verminderung der Anstrengung.»

Professor Frank Pierce Jones, Autor von *Body Awareness in Action: A Study of the Alexander Technique*:
«Die *Alexander-Technik* lehrt nicht, irgendetwas besonderes zu tun, sie lehrt uns, das was wir sowieso tun, mit mehr praktischer Intelligenz auszuführen, wie man stereotype Reaktionen abschafft und wie man mit Gewohnheit und Veränderung umgeht. Sie überläßt einem die freie Wahl des Zieles, aber sie bietet die Möglichkeit, besser mit sich selbst umzugehen, während man auf dieses Ziel hinarbeitet... Sie öffnet ein Fenster zu dem nur wenig bekannten Gebiet zwischen Reiz und Reaktion und vermittelt das Wissen über sich selbst, das man braucht, um ein Reaktionsmuster zu ändern oder – wenn man will – es erst gar nicht entstehen zu lassen.»

F. M. Alexander:
«In jedem Mann, jeder Frau und jedem Kind ruht die Möglichkeit zu körperlicher Vervollkommnung; es liegt an jedem selbst, sie durch persönliches Verständnis und Bemühung zu erlangen.»

In diesem Buch möchte ich erklären, warum sich die *Alexander-Technik* für so viele Menschen als hilfreich erwiesen hat. Zudem möchte ich etwas über den Prozeß mitteilen, den Alexander durchmachte, und dies nicht nur aus Interesse an der *Alexander-Technik* als historischem Phänomen, sondern auch weil jeder von uns eine ähnliche Reise unternehmen muß, um die *Technik* zu erlernen. Obwohl eine Landkarte kein Ersatz für die wirkliche Landschaft ist, kann uns schon eine grobe Skizze helfen, uns in unbekanntem Gebiet zurechtzufinden. Ich hoffe, daß dieser Leitfaden Ihnen einige Einblicke in ein neues Land vermitteln kann.

WAS IST ALEXANDER-TECHNIK?

Im Jahre 1894 begann ein junger australischer Schauspieler eine Methode zu unterrichten, die uns lehrt, besser mit unserem Körper umzugehen. Sein Name war Frederick Matthias Alexander, und die von ihm entwickelte *Technik* wurde schon bald von Schauspielerkollegen übernommen. Später wurde sie auch von Sängern, Tänzern und Musikern zur Verbesserung ihrer darstellerischen Leistungen angewandt. Heute ist die *Alexander-Technik* an führenden Theater- und Musikschulen Bestandteil des Unterrichts.

Einige seiner Amateurkollegen waren Ärzte. Ihnen wurde schon bald klar, daß die *Technik* – obwohl sie keine Therapieform darstellt – therapeutische Wirkung hatte. Nachdem diese Ärzte die *Alexander-Technik* an sich selbst erprobt hatten, schickten sie einige ihrer Patienten zu Alexander. Die ersten Schüler waren Menschen, die an Atembeschwerden litten. Seit diesen Anfängen hat sich die *Technik* bei einer Vielzahl von Krankheiten und Beschwerden als hilfreich erwiesen.

Wie Dr. Wilfred Barlow[2], leitender Arzt für physikalische Medizin an einem Londoner Krankenhaus, berichtet, kann die *Technik* auch bei streßbedingten Krankheiten wie Magen- oder Darmgeschwüren und anderen Beschwerden des Verdauungssystems, sowie bei einigen Formen von Herzerkrankungen und Bluthochdruck, bei Asthma und chronischer Bronchitis, spannungsbedingten sexuellen Problemen, Epilepsie und Migräne wirkungsvoll angewandt werden. Besonders in der Genesungsphase vieler Krankheiten erweist sie sich als sehr nützlich. Auch rheumatische Leiden wie Bandscheibenbeschwerden, Schmerzen im Bereich des unteren Rückens, Arthritis, Tennisellbogen und schmerzende steife Schultern sprechen gut auf die *Alexander-Technik* an. Auf dem Gebiet der psychischen Gesundheit – so berichtet Barlow – hat man durch Anwendung der *Technik* bei Patienten, die unter Angstgefühlen und Depressionen litten, beträchtliche Erfolge erzielen können.

Daß die *Alexander-Technik* sowohl zu besserer Gesundheit verhalf als auch zu höheren Leistungen in den darstellenden Künsten, wurde von Professor Nikolaas Tinbergen, dem Nobelpreisträger für Medizin und Physiologie, treffend zusammengefaßt, als er in seiner Ansprache anläßlich der Entgegennahme des Preises sagte: «... sehr eindrucksvoll sind die positiven Veränderungen in so verschiedenen Bereichen wie Bluthochdruck, Atmung, Schlaftiefe, allgemeine gute Laune und geistige Wachheit, Widerstandskraft gegenüber äußeren Einflüssen und auch bei so subtilen Fertigkeiten wie dem Spielen eines Saiteninstruments.»

Alexander übersiedelte im Jahre 1904 von Australien nach London und brachte Empfehlungsschreiben eines früheren australischen Chirurgen an seine Londoner Kollegen mit. Einige dieser Ärzte erkannten den Nutzen seiner *Technik* und arbeiteten mit Alexander bis zu dessen Tod im Jahre 1955 zusammen. Diese Hilfe und Unterstützung von seiten der medizinischen Wissenschaft setzt sich auch heute noch fort, wie wir später im einzelnen sehen werden.

ALEXANDER UND SEINE ENTDECKUNG

Alexander wurde 1869 auf der Insel Tasmanien geboren. Er wuchs auf dem Land auf, wo er zunächst die örtliche Schule besuchte, dann aber aufgrund seines schlechten Gesundheitszustandes zuhause Privatunterricht erhielt. Alexander entwickelte eine Leidenschaft für Shakespeare und nahm sich schon in frühester Jugend vor, Schauspieler zu werden. Im Laufe der Zeit eignete er sich ein Repertoire humoristischer Monologe und Shakespearescher Reden an.

In seinen jungen Jahren hatte F. M., wie er später genannt wurde, unter seinem schlechten Gesundheitszustand zu leiden. Er kam als Frühgeburt auf die Welt und überlebte nur aufgrund des Einfallsreichtums und der Beharrlichkeit seiner Mutter, die immer wieder einen Weg fand, ihr Kind zu füttern. Seine Mutter war eine bemerkenswerte Frau, die als Hebamme im Ort arbeitete. Alexander erzählte, daß er sich noch daran erinnere, wie sie oft, wenn sie dringend gebraucht wurde, mit ihrem Pferd über den Zaun sprang,

«Das nächste Stück ist F. M. Alexander gewidmet, ohne den ich nicht in der Lage wäre, es zu spielen ...»

anstatt zu warten, bis das Tor geöffnet war. Später, als F. M. in London lebte, reiste sie von Australien zu ihm, um bei ihm zu bleiben. Eines Tages, als sie die Straße überqueren wollte, stürzte sie und das Rad eines von Pferden gezogenen Lieferwagens rollte über ihre Hand. Das Handgelenk war gebrochen und die Nerven ihrer Hand stark in Mitleidenschaft gezogen. Als sie hörte, daß sie die Hand nie mehr werde gebrauchen können, setzte sie ihre Willenskraft ein, um ihrer Hand zu befehlen, sich zu bewegen. Nach monatelangem Bemühen hatte sie Erfolg und konnte ihre Hand schließlich wieder vollkommen normal gebrauchen.

Obwohl Alexander vom Körperbau eher schmächtig war, erbte er die Charakterstärke seiner Mutter. Schon sehr früh verließ er sein Zuhause und nahm bei der Tin Mining Company in Mount Bishoff eine Arbeit an, bis er genug Geld gespart hatte, um auf das australische Festland zu gehen. In Melbourne angekommen, nahm er Schauspiel- und Sprechunterricht und gründete schließlich seine eigene Theatertruppe. Jedoch verlief nicht alles zum Besten; als er immer mehr Anerkennung erlangte und immer häufiger engagiert wurde, wirkte sich der damit verbundene Streß nachteilig auf seine Stimme aus. So geschah es, daß er eines Tages eine sehr wichtige Vorstellung kaum beenden konnte. Er suchte Ärzte und Sprechlehrer auf, die ihm empfahlen, seine Stimme zu schonen. Er folgte diesem Rat und versuchte vor dem nächsten großen Auftritt seine Stimme zwei Wochen lang zu schonen, indem er in dieser Zeit überhaupt nicht mehr sprach. Am Abend der Vorstellung war er entsetzt, als er feststellte, daß das gleiche Problem wieder auftauchte.

Am nächsten Tag – so heißt es – sei er wieder zu dem Arzt gegangen, der ihm die Ruhepause für seine Stimme vorgeschlagen hatte, und habe ihn gefragt, was er nun empfehle. «Noch mehr Ruhe» war die Antwort. Alexander fand das gar nicht lustig. Er wollte die Ursache für das Problem herausfinden.

«Aber Alex ... in den Sterbeszenen
klingt es großartig ...»

Alexanders Freunde sagten ihm, daß er, wenn er auf der Bühne stand, hörbar nach Luft schnappen würde ...

«Habe ich nicht recht, anzunehmen, daß ich an diesem Abend irgendetwas mit meiner Stimme gemacht habe, was diese Störung verursacht hat?»

«Ja, so muß es wohl gewesen sein», antwortete der Arzt.

«Und können Sie mir dann sagen», fragte F. M. «was das war?» Der Arzt gab zu, daß er es nicht konnte.

«Also gut», sagte Alexander, «wenn das so ist, dann muß ich versuchen, es selbst herauszufinden.»

Aber das war leichter gesagt als getan. Er hatte ein paar Anhaltspunkte, mit denen er weitermachen konnte: erstens wußte er, daß das Problem etwas mit dem zu tun hatte, was er auf der Bühne machte; denn er hatte mit seiner Stimme keine Probleme, wenn er nicht rezitierte oder spielte; zweitens erfuhr er von Freunden, daß er – wenn er auf der Bühne stand – hörbar «nach Luft schnappte», während er zwischen den Sätzen einatmete. Das kann man auch heutzutage oft bei Sängern, Schauspielern und öffentlichen Rednern hören, insbesondere wenn sie nervös sind.

Alexander beschloß, sich im Spiegel zu beobachten, zuerst, wenn er normal sprach und dann, wenn er rezitierte, um zu sehen, ob er irgendeinen Unterschied feststellen konnte. Allmählich bemerkte er ein bestimmtes, immer wieder auftauchendes Muster. Wenn er zum Rezitieren ansetzte – «sich dazu bereit machte» –, zog er mit einem lauten Keuchen Luft ein, und fast gleichzeitig spannte er die Halsmuskeln an, die seinen Kopf nach hinten und nach unten zogen. Er fand auch heraus, daß er dadurch Druck auf seine Stimmbänder ausübte. Schließlich konnte er auch beobachten, daß er den ganzen Körper verkürzte und anspannte und so nicht nur seine Atmung, sondern seine allgemeine Bewegungsfreiheit einschränkte. Als er sich dann nochmals beim normalen Sprechen beobachtete, stellte er dieselben Tendenzen fest, wenn auch nicht ganz so ausgeprägt.

Mittels sorgfältigen Experimentierens fand Alexander einen Weg, dieses Muster im Entstehen zu verhindern. Das gelang ihm, indem er es nicht mehr zuließ, daß er «sich» wie gewohnt zum Sprechen «bereit machte». Mit dem Wissen aus seinen Beobachtungen versuchte er dann, neue und bessere Wege zu finden, die verschiedenen Körperteile, die mit dem Rezitieren in Zusammenhang standen, zu gebrauchen. Als Ergebnis seiner lang andauernden Bemühungen verschwand das Problem mit seiner Stimme schließlich. Gleichzeitig konnte Alexander eine erhebliche Verbesserung seines allgemeinen Gesundheitszustandes beobachten, ein Ergebnis, mit dem er nicht gerechnet hatte.

WAS FÜR EINE BEDEUTUNG HAT ALEXANDERS ENTDECKUNG?

Nachdem Alexander seine Entdeckung gemacht hatte, war die Qualität seiner Auftritte um so vieles besser, daß die Leute ihn fragten, wie er das erreicht hätte. Als er es ihnen zeigte, stellte sich bald heraus, daß viele von ihnen unter dem gleichen Problem litten. Ursprünglich dachte Alexander, nur er habe diese Schwierigkeit, aber seine Beobachtungen und die Gespräche mit anderen ließen ihn bald erkennen, daß es sich in Wirklichkeit um ein sehr verbreitetes Übel handelte.

Um den Leuten zu zeigen, auf welche Weise sie ihren Körper halten, mußte er sie dazu bringen, sich selbst zu beobachten, so wie er es mit Hilfe des Spiegels getan hatte. Da dies jedoch sehr schwierig war – Alexander hatte für seine Entdeckung mehrere Jahre benötigt – fand er schnell heraus, wie er die Bewegungen seiner Schüler mit seinen Händen lenken konnte.

Heute wenden die meisten Lehrer der *Alexander-Technik* dieselbe Methode an. Dabei beginnt man mit ganz einfachen Handlungen wie Sitzen, Stehen, Gehen und sich Hinlegen. Lehrer und Schüler arbeiten zusammen daran, genau herauszufinden, auf welche Weise der Schüler mit seinem Körper umgeht und was er dabei falsch macht.

Mit der praktischen Hilfe des Lehrers kann der Schüler lernen, die schädlichen Gewohnheiten aufzugeben. Normalerweise erreicht der Lehrer dies durch das Zusammenspiel von Demonstration, verbalen Anweisungen und der sanften Führung mit den Händen. Letzteres ist besonders wichtig, um dem Schüler *eine verläßliche Erfahrung davon zu vermitteln, wie es sich anfühlt, wenn er mit seinem Körper in richtiger Weise umgeht.* Dies hat zur Folge, daß er lernt, den Körper sich freier und natürlicher bewegen zu lassen. Ist dies erst einmal erreicht, so ist es möglich, die Prinzipien der

Bei Streß zieht man den Kopf nach hinten und nach unten und verkürzt den Körper.

Das Resultat des *«Anweisungen gebens» (giving directions)*

Alexander-Technik in komplexeren und anspruchsvolleren Situationen anzuwenden.

In dem Maße, in dem die Schüler Fortschritte machen, nehmen sie meist wahr, wie ihre spezifischen Probleme und Symptome durch ihr insgesamt falsches Umgehen mit dem Körper verursacht wurden. Meine eigene Erfahrung mag dies verdeutlichen.

Zuerst nahm ich *Alexander*-Stunden, weil ich dauernd unter Rückenschmerzen litt. Ich hatte es schon mit der herkömmlichen medizinischen Behandlung und mit Osteopathie und Yoga versucht. Sie alle verschafften mir zwar kurzfristige Erleichterung, doch die Schmerzen kamen immer wieder. Als ich dann Unterricht in der *Alexander-Technik* nahm, ließ der Lehrer meine spezifischen Symptome größtenteils unbeachtet. Stattdessen verhalf er mir dazu, die mir zur Gewohnheit gewordene Art und Weise, wie ich meinen Körper versteifte, zu erkennen und zu verhindern. Als ich begann, meinen Körper allein handeln zu lassen, ließen meine Rückenschmerzen nach und verschwanden schließlich ganz. Noch wichtiger für mich war aber die Tatsache, zu erkennen, wie ich das Problem selbst verursacht hatte und auf welche Weise ich die Verantwortung für mein Wohlergehen übernehmen konnte.

Die Wurzeln meines Problems lagen, wie dies oft der Fall ist, in meiner Kindheit. Ich kann mich noch gut daran erinnern, daß ich schon im Alter von acht Jahren Rückenschmerzen hatte (ich war übrigens überrascht, als ich vor kurzem herausfand, daß mein Fall gar nicht so ungewöhnlich ist). Photographien von damals zeigten, daß ich mir im Laufe der Zeit angewöhnt hatte, den Kopf nach einer Seite zu neigen. Als Jugendlicher wuchs ich sehr schnell heran, und ich erinnere mich gut, daß ich auf unseren Schulbänken niemals bequem sitzen konnte. Als ich dann später zur Universität überwechselte, waren meine Rückenbeschwerden bereits chronisch.

Mit der Hilfe meines *Alexander*-Lehrers fand ich heraus, daß ich beim Hinsetzen mehr oder weniger auf den Stuhl plumpste, wobei die zu straffen und verkürzten Bauchmuskeln meine Rippen und die Wirbelsäule nach unten zogen, was Kopf und Schultern nach vorne zwang. Dies wiederum führte dazu, daß die Muskeln an Hals, Schultern und Rükken unter erheblicher Anspannung standen. Ganz allmählich lernte ich, das Verkürzen der Bauchmuskeln zu vermeiden, indem ich sie anwies loszulassen, eine Empfindung, die mir mein Lehrer durch das geschickte Einsetzen seiner Hände tatsächlich vermitteln konnte. Das Ergebnis war, daß ich beim Hinsetzen weniger plumpste und mir das Atmen leichter wurde, da meine Rippen größere Bewegungsfreiheit erlangt hatten. Die Balance meines Kopfes wurde besser, weil mein Lehrer mir half, die übermäßige Anspannung und Verkürzung meiner Halsmuskeln zu lösen. Auf ähnliche Weise wurden meine Schultern, die immer sehr rund gewesen waren, allmählich breiter und nahmen eine natürliche, geradere Haltung ein. Außerdem wurde ich 2,5

«Ich lege jede Woche eine Kleinigkeit zur Seite für ihre Therapie, wenn sie erwachsen sind . . .»

Wie bei vielen anderen Dingen lagen die Wurzeln des Problems in der Kindheit . . .

Zentimeter größer und meine Brust weiter – und zwar in einem solchen Ausmaß, daß mir nach einiger Zeit meine Hemden und Jacken zu eng wurden.

Meine eigene Erfahrung mit der *Alexander-Technik* unterstreicht die Tatsache, daß es sich hierbei um keine Therapie handelt. Stattdessen lernte ich, meinem ganzen Körper zu gestatten, in uneingeschränkter und natürlicherer Weise zu arbeiten. In meinem Fall verschwanden bestimmte Symptome, während ich die *Technik* erlernte, aber solche ‹Heilungen› ergeben sich sozusagen nebenbei, und die Nützlichkeit der *Technik* hängt auf keinen Fall von ihnen ab. Meine Forschungen machten mir nämlich klar, daß es viele Gründe für Rückenschmerzen gibt, die nicht in Verbindung mit dem Umgehen mit dem Körper stehen, und jeder zukünftige Schüler, der an Rückenschmerzen leidet, sollte sich darüber im klaren sein. Jedoch gibt es, wie ich für mich selbst feststellen konnte, andere, noch gewichtigere Gründe, die

Technik zu erlernen. Erstens fand ich mich in den von mir gewählten Aktivitäten fähiger als früher, zum Beispiel im Vorträge halten oder beim Yoga. Zweitens stellte ich fest, daß ich viel mehr Energie hatte als früher, und so begann ich wieder zu laufen und zu schwimmen, Aktivitäten, die ich mit dem Ende meiner Schulzeit aufgegeben hatte. Es war für mich ebenso faszinierend wie stimulierend zu entdecken, daß ich darin jetzt besser war als in meiner Teenagerzeit. Auch war ich fähig, klarer zu denken. Ich wandte mich wieder dem akademischen Leben zu und begann mit der Erforschung der *Alexander-Technik*.

Und trotz des Gesagten gebe ich gerne zu, daß ich immer noch Probleme habe und in keinster Weise vollkommen bin. Jedoch hat mich die *Technik* mit einem Satz brauchbarer Werkzeuge ausgerüstet, mit denen ich Schwierigkeiten in Angriff nehmen und aus meinen Begabungen das beste machen kann. Noch aufregender jedoch ist die Tatsache, daß es in diesem Prozeß kein Ende zu geben scheint. Jede neue Entdeckung wirft Licht auf neue Möglichkeiten und gibt mir das Potential für ein fortgesetztes und selbst unterstützendes Wachstum.

FÜR WEN IST DIE ALEXANDER-TECHNIK VON NUTZEN?

Jane H. ist Pianistin mit langjähriger Erfahrung. Sie hatte eine erfolgreiche Konzertkarriere gemacht und unterrichtete an einem Konservatorium. Jedoch hatte sie – wie sie mir anvertraute – ein Problem mit ihrem Spiel. Bei einem bestimmten Stück mußte sie, um einen hohen Ton zu erreichen, eine weite und schnelle Armbewegung ausführen. Sie hatte sehr viel Zeit dafür verwendet, ihre Technik zu verbessern, aber der Klang dieser Note blieb unbefriedigend.

Sie spielte mir das Stück vor, und es zeigte sich bald, daß

sie, noch bevor sie den Arm bewegte, ihren Nacken steifmachte und ihre Schultern hochzog, gerade soviel, daß es ihre Bewegung beeinflußte, aber dennoch so minimal, daß ein zufälliger Beobachter es kaum wahrnehmen konnte. Es gelang mir, Jane auf dieses Anspannen der Muskeln aufmerksam zu machen und ihr zu zeigen, wie sie dies verhindern konnte. Jane machte immer größere Fortschritte, und fand, daß sich die Leichtigkeit ihres Spiels und die Qualität dieser einen Note verbesserte. Außerdem wuchs ihre Freude am Klavierspiel wieder.

Janes Beispiel zeigt, wie die *Alexander-Technik* eine Leistung verbessern kann. Sehr oft haben gut ausgebildete Sportler, Musiker, Schauspieler usw. sich scheinbar unbedeutende Fehler im Umgang mit ihrem Körper angewöhnt, die jedoch ihre Erfolgschancen erheblich schmälern. In der Regel ist es nicht möglich, solche Fehler sofort zu korrigieren; dazu sind zuerst grundlegende Unterrichtsstunden nötig, die sich mit dem ganzen Körper des Schülers beschäftigen. Wenn man dann die *Technik* beherrscht, kann man sie zur Verbesserung einer bestimmten Fertigkeit anwenden.

Herr G., ein Zahnarzt, kam zu mir wegen Nacken- und Schulterschmerzen. Als wir uns das erste Mal trafen, waren die Hals- und Schultermuskeln tatsächlich verspannt, aber seine Bauch-, Rücken-, Arm- und Beinmuskulatur waren es ebenfalls. Wir arbeiteten zusammen daran, herauszufinden, was Ursache und was Wirkung war.

Es zeigte sich bald, daß die Schmerzen dadurch verursacht waren, daß Herr G. sich bei seiner Arbeit buchstäblich aus der *Form* brachte, hauptsächlich durch eine übermäßige Kontraktion der Brust- und Bauchmuskeln und ein Vorschieben des Kopfes. Als ihm bewußt wurde, was er tat, und ich ihm zeigte, wie er es verhindern kann, begannen seine Schmerzen nachzulassen.

Solche Probleme sind weit verbreitet. Aus einer Vielzahl

«Keine Angst – diese Spritze ist nicht für Sie.»

Herr G. ist Zahnarzt – er leidet unter Schmerzen an Hals und Schultern . . .

von Gründen entwickeln die Menschen im Umgang mit ihrem Körper Gewohnheiten, die in ihrem Körper so viel Anspannung verursachen, daß sich daraus schmerzhafte Symptome ergeben. Schließlich ist wichtig anzumerken, daß wir nicht versuchten, die Symptome direkt zu behandeln. Stattdessen fanden wir heraus, was zu dem falschen Umgang mit dem Körper geführt und damit die Symptome verursacht hatte.

Elisabeth K. ist eine anerkannte Psychotherapeutin. Einige ihrer Kollegen hatten ihr von der *Alexander-Technik* erzählt. Obwohl sie keine besonderen Probleme hatte, wollte sie gerne erfahren, wie sie mit ihrem Körper in einer natürlicheren Art und Weise umgehen könne. Als wir anfingen, miteinander zu arbeiten, zeigte sich deutlich, daß sie eine äußerst intelligente und empfindsame Frau war. Sie fühlte schon bald, wie sich ihr Körper immer freier und leichter anfühlte. Interessanter noch war für sie zu erfahren, wie stark unsere Gedanken und Gefühle verbunden sind mit der Weise, in der unser Körper funktioniert. Sie war sich aufgrund ihrer eigenen Arbeit mit den Emotionen einer solchen Verbindung bereits bewußt, aber wie eng dies alles tatsächlich miteinander verbunden war, stellte für sie so etwas wie eine Offenbarung dar. Besonders fasziniert war sie über die direkte Verknüpfung zwischen Gedanken, der Lebendigkeit des Körpers und den positiven emotionalen Veränderungen.

Elisabeth ist nur ein Beispiel, einer wachsenden Zahl von Menschen, die Unterrichtsstunden in der *Alexander-Technik* nehmen, nicht weil sie Probleme mit ihrer Gesundheit oder irgendwelchen Leistungen haben, sondern weil sie die *Technik* für ein wertvolles Werkzeug erachten, mit dem sie ihr Wohlergehen und ihr Wissen über sich selbst verbessern können.

WARUM WIR DIE ALEXANDER-TECHNIK BRAUCHEN

SCHLECHTER UMGANG MIT DEM KÖRPER UND MODERNES LEBEN

«Wir leben in einer Zeit schnellen Wandels» ist ein Satz, den man heutzutage ständig hört. Normalerweise meint er den technologischen Fortschritt und wissenschaftliche Durchbrüche. Aber er trifft auch auf uns als Gesellschaft zu – Ideen verändern sich, verschiedene politische Parteien kommen und gehen, soziale Normen und Werte wandeln sich (man beachte zum Beispiel die ansteigende Zahl der Ehescheidungen). Offensichtlich sind wir als Individuen ebenfalls davon betroffen. Wie wirken sich solche Umwälzungen auf unseren Körper aus, ganz zu schweigen von unserem Geist und unseren Beziehungen untereinander? In einfacher strukturierten, stabileren Gesellschaften unterscheidet sich der Körpergebrauch der einfachen, gesunden Menschen erheblich von dem, der sich bei zeitgenössischen westlichen Menschen beobachten läßt. Im Verlauf seiner Untersuchungen, die ihn schließlich zu seiner Entdeckung führten, begann Alexander, über den Grund dieser Tatsache nachzudenken.

Er nahm an, daß unter natürlichen Bedingungen nur jene Lebewesen überleben, die ihren Körper richtig gebrauchen, und all jene, die plump und langsam sind, umkommen werden. Unter solchen, sich kaum verändernden Bedingungen haben erfolgreiche Lebewesen natürlich einen guten Körpergebrauch. Aber mit dem Beginn der Landwirtschaft und dem Anwachsen der Städte vollzog sich ein entscheidender Wechsel. Der Körper wurde immer weniger auf spontane und natürliche Weise gebraucht. Er wurde auf einen immer kleiner werdenden Bereich von Aktivitäten beschränkt. Auf der geistigen Ebene wurde das Denken immer komplizierter, und die Zunahme der geregelten Erziehung verstärkte dies noch.

Kurz, es kam, was die Anforderungen betraf, die der Mensch zu erfüllen hatte, zu schnellen und zunehmenden Veränderungen und dadurch zu einer allgemeinen Veränderung in der menschlichen Lebensweise. Der Mensch wurde immer weniger Körper und immer mehr Kopf und damit immer komplizierter. Das veranlaßte einen Zeitkritiker dazu, den modernen Menschen als ‹homo sedens› – den ‹sitzenden Menschen› zu bezeichnen.

Man muß sich daran erinnern, daß die menschliche Evolution mindestens fünf Millionen Jahre gedauert hat, von denen nur die letzten 10 000 als zivilisiert bezeichnet werden können. Das bedeutet, daß unsere biologischen Voraussetzungen zu 99,9 Prozent auf relativ unveränderten natürlichen Anforderungen basieren. Nur ein ganz geringer Prozentsatz hat Zeit gehabt, sich den neuen und schnell ändernden Bedingungen der Zivilisation anzupassen.

Vor Beginn der modernen Zeiten konnte sich der Körper des Menschen aufgrund der nur langsam vor sich gehenden Veränderungen allmählich und unmerklich an die neu entstandenen Umstände anpassen. Nun jedoch sind wir es, die die Lebensumgebung verändern, und wir beschleunigen diesen Prozeß immer mehr. Denken Sie einmal kurz über ihren Tagesablauf nach, vom Aufwachen am Morgen angefangen, und vergleichen Sie es damit, wie das Leben in der Wildnis gewesen sein muß: wir schlafen im weichen Bett, werden durch ein plötzliches mechanisches oder elektronisches Geräusch geweckt; dem folgt der fast unverzügliche Wechsel vom Dunklen zum Hellen, wenn wir im Winter die Lampe neben unserem Bett einschalten. Wir sitzen beim Frühstück auf einem Stuhl, dann sitzen wir im Bus, Zug oder Auto, während der Arbeit und nach der Arbeit zuhause. Wir gehen auf einem harten Pflaster die Straße entlang, oft in unmittelbarer Nähe von sich schnell bewegenden und lärmenden Fahrzeugen; jeder von uns kann größer, schneller und lauter als irgendein Tier sein. Wir reagieren mittels Telefon, Radio und Fernsehen auf Vorgänge, die wir weder direkt hören noch sehen können. Wen wundert es, wenn viele von uns übermäßig angespannt werden und am Ende eines solchen Tages zusammenbrechen.

Die Wahrnehmung körpereigener Reize (Propriozeption)

Die oben erwähnten Veränderungen sind nur einige wenige all derer, denen wir in unserem alltäglichen Leben ständig ausgesetzt sind. Insgesamt sind sie viel einschneidender und weitreichender, als wir uns vorstellen können. Als Folge dieser Anspannung in unserem Körper ist die Information, die unser Gehirn erhält, weit weniger zuverlässig, als zu den Zeiten, da wir in der Wildnis lebten – gemeint ist die Information, die unser Gehirn über die Lage und Tätigkeit der einzelnen Körperteile und ihre Beziehung zueinander ständig erreicht. Diese Information nun, die den Zustand unseres Körpers betrifft, wird Propriozeption genannt, und wir erhalten sie hauptsächlich von den Gelenken, den Sehnen und den Muskeln. Die außerordentliche Bedeutung der Propriozeption kann kaum überschätzt werden. Sie stellt die Grundlage für Gleichgewicht, Körperhaltung und Bewegung dar. Noch grundlegender: sie ist das Fundament für unsere Identität. Dieser Aspekt der Propriozeption wird von dem Neurologen Oliver Sacks lebendig veranschaulicht, der in einer seiner Fallstudien von einer Frau berichtet, die ihre Propriozeption fast ganz verloren hatte. Man ist erschüttert, wenn man von dem damit einhergehenden Verlust ihrer Identität und ihren emotionalen und körperlichen Schwierigkeiten liest.

Um-Erziehung unserer Propriozeption

Alexander zeigt auf, daß wir es versäumt haben, uns Gedanken darüber zu machen, wie wir lernen können, auf die veränderten Lebensbedingungen in besserer Weise zu reagieren und unsere Propriozeption so umzuerziehen, daß wir uns wieder auf sie verlassen können. Wir haben noch nicht einmal die allgemeine Verschlechterung im Umgang mit unserem Körper bemerkt, die zurückzuführen ist auf den Verlust der Genauigkeit in unserer propriozeptiven Wahrnehmung. Wir ziehen nicht in Erwägung, daß der allgemeine Fehlgebrauch unseres Körpers möglicherweise Auswirkungen auf unsere Fähigkeiten hat, ob es sich nun um alltägliche Verrichtungen oder handwerkliche und künstlerische Fertigkeiten handelt, um unsere Gesundheit oder gar um unseren darunterliegenden psychischen Zustand. Stattdessen bemerken wir nur bestimmte Symptome und versuchen dann, diese isoliert zu behandeln. Wir sehen zum Beispiel nicht, daß ein Zusammenhang bestehen kann zwischen unseren Kopfschmerzen und der Art, wie wir mit unserem Körper umgehen.

Alexander behauptete nicht, daß alle unsere Probleme durch das fehlerhafte Umgehen mit dem Körper verursacht seien, aber daß dies ein in vielen Fällen dominierender Faktor sei. Überdies gehen fast alle von uns mit ihrem Körper bis zu einem gewissen Maß falsch um, was uns auf viele verschiedene Arten nachteilig beeinflußt.

Ein Beispiel dafür ist der Fall von Diana K., einer Tänzerin. Nach einer erfolgreichen beruflichen Karriere, begann sie ihre Arbeit in Frage zu stellen. Das führte sie dazu, verschiedene Tanzstile und andere Disziplinen, darunter auch die *Alexander-Technik*, zu erforschen. Im Verlauf des Unterrichts fand sie heraus, daß sie ihren Körper in einer ziemlich festen und starren Art und Weise hielt, besonders wenn sie zu tanzen anfing. Obwohl sie sehr beweglich war, war das Ausmaß an Bewegungsmöglichkeit, das sie ihrem Körper abgewinnen konnte, darauf begründet, daß sie ihn zur Bewegung zwang, und diese Tatsache führte – wie bei vielen anderen Tänzern – zu dauernden, quälenden Verletzungen. Als wir zusammen arbeiteten, stellte sie fest, daß sie sich ihrem Tanzen entspannter und natürlicher zuwenden konnte, was neue kreative Möglichkeiten für sie eröffnete und gleichzeitig die Verletzungsgefahr erheblich verminderte.

WIE SICH FALSCHES UMGEHEN MIT UNSEREM KÖRPER ÄUSSERT

Als einige Wissenschaftler die Art und Weise, wie die meisten Menschen stehen, genauer untersuchten, kamen sie zu erstaunlich ähnlichen Resultaten; Resultate, die sich erheblich von den Abbildungen unterscheiden, wie man sie in den Anatomiebüchern findet (vgl. Abb. A, Seite 42).

Bei den meisten Menschen sind der Kopf und das Becken sozusagen vor dem Körper (vgl. Abb. B, Seite 42). Die Krümmungen von Hals und oberem Rücken sind übermäßig ausgeprägt, und die Krümmung der unteren Wirbelsäule ist abgeflacht. Man beachte, daß die sogenannte Schwerlinie des Körpers, die Linie, auf der die Schwerpunkte des Kopfes und des Gesamtkörpers liegen, vor den Sprunggelenken liegt.

Bei Tänzern findet man meist ein anderes Muster (vgl. Abb. C, Seite 42). Hierbei sind der Hals und der obere Rücken übertrieben gerade, und im Bereich der unteren

Wirbelsäule zeigt sich eine große Kurve, wobei die Beine steif und durchgestreckt sind. In solchen Fällen ist die oben erwähnte Schwerlinie des Körpers zwar weiter hinten, jedoch ist der ganze Körper ziemlich angespannt.

Bei Schülern der *Alexander-Technik* entwickelt sich der Körper immer mehr in Richtung der Haltung, wie wir sie in Abbildung A vorfinden, wobei dies jedoch in freier und natürlicher Weise und mit großen individuellen Unterschieden geschieht. Es muß hier betont werden, daß solche Veränderungen und andere, die später noch genauer beschrieben werden, nicht das Ergebnis dessen sind, daß man versucht, gerade und aufrecht zu stehen. Sie entstehen ganz natürlich, wenn man es dem Körper gestattet, den richtigen, d. h. ihm gemäßen Mechanismus zu gebrauchen.

WIE ALEXANDER DAS FALSCHE UMGEHEN MIT SEINEM KÖRPER BEENDETE

Die kurze Antwort auf diese Frage ist, daß er es unterließ, seinen Kopf nach hinten und nach unten zu ziehen und sich selbst kürzer und schmaler zu machen. Obwohl dies sachlich richtig ist, bleibt die Frage, *wie* er es tat, unbeantwortet. Dieses *wie* läßt sich ohne praktische Erfahrung nur schwer erklären.

Dennoch sind die Entdeckungen, die Alexander machte, ziemlich leicht zu beschreiben. Untersuchungen haben gezeigt, wie wir uns selbst ‹aus der Form ziehen›. Die Krümmungen der Wirbelsäule beispielsweise sind gewöhnlich verzerrt, die Rippen eingeengt und die Balance des Kopfes gestört, was meist als Ergebnis einer übermäßigen Kontraktion und damit einer Verkürzung der Muskeln angesehen werden muß.

Primärkontrolle (primary control)

Alexander entdeckte, daß der erste Schritt, um eine Entstellung der natürlichen Krümmungen der Wirbelsäule zu verhindern, darin bestand, die sofortige Ausführung einer Handlung zu unterlassen. Der nächste Schritt war, eine Verlängerung der Muskeln zu erreichen, indem man den Kopf nach vorne und oben richtete, ohne dabei den Rücken steif und eng zu machen. Alexander nannte diese Fertigkeit *Primärkontrolle (primary control)*, primär, da dies der erste Handlungsschritt ist, der korrekt funktionieren muß, wenn die Propriozeption und andere Sinne verbessert werden sollen. Das wiederum erlaubt eine Verbesserung des Gleichgewichts, der Körperhaltung und der Bewegung, der drei wichtigsten Faktoren, die die Gesundheit und unsere Leistungen beeinflussen. Wenn man es unterläßt, zu hastig zu handeln, können sich die Muskeln *ent-spannen*, während die Wirkungsweise der *Primärkontrolle* es ihnen ermöglicht, sich mittels des weiter unten beschriebenen Mechanismus zu verlängern.

Wie wir später sehen werden, gibt es einen guten Grund anzunehmen, daß die Verbesserung des Gleichgewichts die Muskelspannung herabsetzt und auch die Gefahr, Muskeln und Knochen zu verletzen. Eine verbesserte Körperhaltung gehört dazu. Wenn als Folge fortlaufenden Unterrichts in der *Alexander-Technik* der Rumpf länger und breiter wird, so mag dies bedeutend sein für die Verminderung des schädlichen Drucks auf Herz, Lungen, Magen, Darm und andere innere Organe. Hiermit lassen sich manche Verbesserungen des Gesundheitszustandes erklären, wie sie von Barlow und Tinbergen festgestellt wurden.

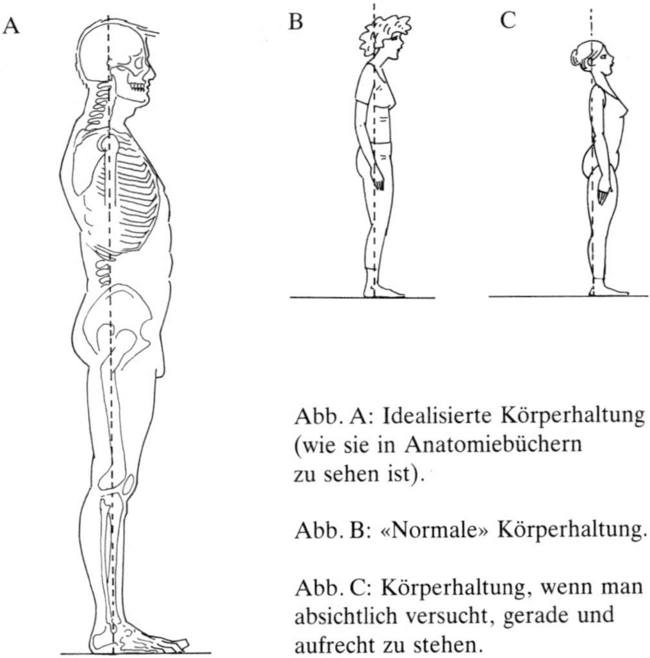

Abb. A: Idealisierte Körperhaltung (wie sie in Anatomiebüchern zu sehen ist).

Abb. B: «Normale» Körperhaltung.

Abb. C: Körperhaltung, wenn man absichtlich versucht, gerade und aufrecht zu stehen.

EIN WENIG ANATOMIE

Um diese Gedanken leichter zu verstehen, wollen wir einen Blick auf die Struktur des menschlichen Körpers werfen. Der Kopf balanciert ganz frei auf dem oberen Ende der Wirbelsäule, an einer Stelle, die als *Atlanto-Okzipital-Gelenk* bezeichnet wird. Es ist die Verbindung zwischen dem ersten Halswirbel (*Atlas*) und dem unteren Teil des Schädels, dem Hinterhauptbein (*Os occipitale*).

Die Wirbelsäule ist bei den meisten Menschen aus 33 Wirbeln (7 Halswirbel, 12 Brustwirbel, 5 Lendenwirbel, 5 zum

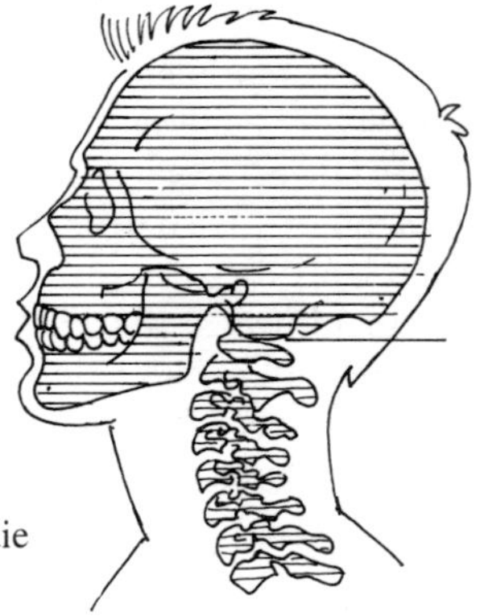

Der Kopf und die Halswirbel

Kreuzbein und 4 zum Steißbein verschmolzene Wirbel) zusammengesetzt, die durch Gelenke miteinander verbunden sind. Diese Gelenke gestalten Bewegungen verschiedener Art und unterschiedlichen Ausmaßes, je nachdem, an welchem Teil der Wirbelsäule sie sich befinden und was ihre Aufgabe ist. Obwohl es um Bewegungen zwischen höchst individuell ausgeprägten Wirbeln geht, können wir jedoch die Wirbelsäule als ein Ganzes betrachten, als lange, federnde und gekrümmte Säule. Wie die Federn bei der Radaufhängung beim Auto hält sie den Körper nach oben, wird aber zusammengepreßt, wenn wir sie mit Gewicht belasten. Wenn man ins Auto einsteigt, gibt die Federung dem Gewicht ein wenig nach, lädt man außerdem noch Gepäck hinzu, sinkt das Fahrzeug noch tiefer. Das ist das Ergebnis, wenn Federn sich biegen.

‹Verlängern›

Wenn Sie nochmals die Abbildungen auf der Seite 42 anschauen, können Sie sehen, daß die Form der Wirbelsäule bei jeder Zeichnung unterschiedlich ist. Wenn wir uns wieder ins Gleichgewicht bringen, indem wir die Muskeln daran hindern, die falschen Kräfte einzusetzen, so kann sich die Wirbelsäule wieder ihrer ursprünglichen, richtigen Form nähern. Und ebenso wie die Federung des Autos wird die Wirbelsäule als Ganzes länger, wenn wir den übermäßigen Druck von ihr nehmen, und zugleich werden auch die mit ihr verbundenen Muskeln länger.

Das ‹Verlängern› eines Muskels und die Verbesserungen der Propriozeption gehen miteinander einher, da die sensorischen Anteile eines Muskels einen gewissen Dehnungsgrad benötigen, um zu funktionieren. Auch vom mechanischen Gesichtspunkt aus betrachtet ist ein Muskel kräftiger, wenn er länger wird, als wenn er kürzer wird. Dies erklärt, was Alexander mit ‹Verlängern› gemeint hat. Was bedeutet nun ‹Weiten›?

‹Weiten›

Die Rippen setzen am oberen Rücken an, und zwar an den Brustwirbeln. Wenn sich das Kind noch im Mutterleib befindet, wachsen die Rippen, bis sie schließlich das Herz, die Lunge, den Magen und andere Organe umschließen. Muskeln verbinden die Rippen untereinander und stellen auch Verbindungen her zum Becken, zur Wirbelsäule, den Schultern und den Armen. Zusammen mit dem Zwerchfell kontrollieren diese Muskeln die Bewegungen der Rippen. Wenn in irgendeinem dieser Muskeln ein falsches Spannungsmuster besteht, können die Rippen versteifen und in einer zu eingeengten oder zu sehr geweiteten Position gehalten werden. Bei den meisten Menschen ist der Brustkorb zu sehr eingeengt. Das liegt insbesondere an den Arm-, Brust- und Bauchmuskeln, die bei den meisten von uns zu kurz und zu sehr angespannt sind.

Die *Alexander-Technik* löst diese Spannungen der Muskeln, so daß sich die gebogenen Rippen infolge ihrer natürlichen Elastizität ausweiten können. Man beachte, daß die Rippen nicht durch die Anwendung von Muskelkraft gewei-

Die Krümmungen der Wirbelsäule

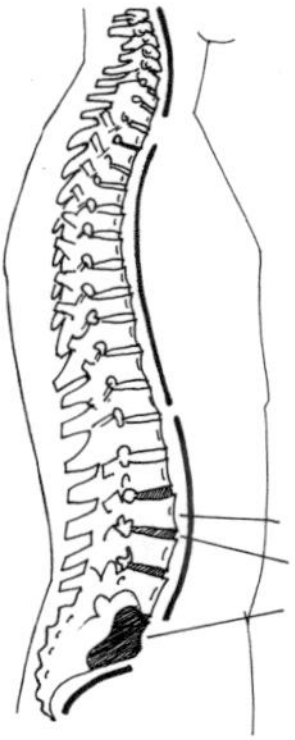

tet werden, sondern einfach dadurch, daß man sie nicht einengt. So können sie sich freier bewegen, ohne daß das Atmen angestrengt sein muß. Diese freiere, natürliche Atmung ist oft das erste Anzeichen für eine Veränderung, die durch *Alexander*-Stunden eintritt. Sie geht oft mit einem Seufzen der Erleichterung einher, mit einem überraschten, aber frohen Lächen und der Frage: «Das ist so schön – wie ist das eigentlich geschehen?» Oft ereignet sich diese Erleichterung nicht dann, wenn der Lehrer am Bauch oder an der Brust arbeitet, wie man es vielleicht erwarten würde, sondern wenn sich seine Hände am Hals befinden.

Sehr früh schon hatte Alexander erkannt, daß der Hals die Schlüsselstelle für die *Primärkontrolle* ist. Er war kein Anatom und befaßte sich damit nicht genauer, sondern sprach lediglich vom Nacken als Ganzem. Später, als Ärzte und Wissenschaftler sich erstmals um ein genaueres Verständnis für die Wirksamkeit der *Alexander-Technik* bemühten, waren sie versucht, bestimmte Teile des Halses gründlicher zu untersuchen; einige entschieden sich für die Muskeln, die

Zurückziehen des Kopfes
beim Hinsetzen.

Besserer Körpergebrauch
beim Hinsetzen.

außen um das Atlanto-Okzipital-Gelenk liegen, andere für die Gelenke im Hals.

Alexander selbst dachte jedoch nicht weiter darüber nach, welche Teile des Nackens wichtig waren. Er wandte vielmehr sein ganzes Interesse dem praktischen Punkt zu, daß der Hals, wenn er steif und kurz ist, den Kopf nach unten zieht, wodurch der Körper wiederum irgendwie verkürzt und eingeengt wird. Und umgekehrt: wenn man zulassen kann, daß der Hals frei wird, d. h. ihn losläßt und den Kopf nach vorne und oben richtet[3], dann kann der Rumpf als Ganzes die *Anweisung (direction)* empfangen, sich zu ‹verlängern› und zu ‹weiten›.

AUF WELCHE WEISE DIE ALEXANDER-TECHNIK HILFT

Nachdem wir gesehen haben, wie schädlich sich eine schlechte Haltung und allgemein ein falsches Umgehen mit dem Körper auswirken, drängt sich uns die Frage auf: wie können wir lernen damit aufzuhören, das Gleichgewicht unseres Körpers zu stören?

Um Antworten zu finden, müssen wir uns wieder Alexanders eigener Erfahrung zuwenden, denn zum Erlernen der *Technik* reicht es nicht zu wissen, was geschehen soll, und dieses Wissen in die Tat umzusetzen. Wenn Sie in irgendeiner Weise daran zweifeln, versuchen Sie, Ihrem *Alexander*-Lehrer zu demonstrieren, was Sie bis jetzt aus dem Buch gelernt haben.

DREI GRUNDLEGENDE ENTDECKUNGEN

In gewisser Weise sind Sie damit ungefähr an dem Punkt, an dem Alexander seine ursprünglichen Entdeckungen machte. Als er allerdings daran ging, seine Erkenntnisse während seiner öffentlichen Rezitationen bei sich anzuwenden, mußte er feststellen, daß er fast sofort in seine alten Gewohnheiten zurückfiel. Also blieb Alexander nichts anderes übrig, als wieder von vorne zu beginnen. Er beobachtete sehr genau, was er tat und kam so zu drei weiteren grundlegenden Entdeckungen.

‹Fixiertsein auf ein Ziel› (End gaining) und das Einsetzen der geeigneten ‹Mittel› (Means whereby)

Als erstes mußte er einsehen, daß die Gewohnheiten, die er untersucht hatte, weit stärker und tiefer verwurzelt waren, als er anfangs annahm. Die folgenschwerste Angewohnheit war die Tendenz, daß er immer versuchte, sofort zu handeln. Das beste Beispiel in diesem Zusammenhang ist, sich das Überqueren einer stark befahrenen Straße vorzustellen: wenn wir es einfach mir nichts, dir nichts täten, liefen wir Gefahr, überfahren zu werden; stattdessen müssen wir an der Bordsteinkante stehen bleiben, schauen und warten, bis kein Auto mehr kommt und das Hinübergehen sicher ist. Das ist eine Handlung, die wir bewußt und durch dauernde Wiederholung erlernen müssen – zweifellos werden Sie sich an den ‹Bordstein-Unterricht› in Ihrer Kindheit erinnern. Schließlich ist diese Routine fast automatisch geworden (auf die Bedeutung des ‹fast› werden wir später noch zurückkommen). Die Angewohnheit, direkt auf die Dinge zuzugehen, nannte Alexander *End gaining*, was am besten mit *Fixiertsein auf ein Ziel* wiederzugeben ist. Das Gegenteil, der Prozeß des Wartens, Beobachtens und Herausfindens dessen, was geschehen soll und was nicht, um eine Handlung sicher und gut ausführen zu können, dies nannte er das *Achten auf die geeigneten ‹Mittel›*. (Nebenbei bemerkt wurde Aldous Huxley zum Schreiben seines Buches *Ends and Means*[4] angeregt, nachdem er diese Konzepte Alexanders erlernt hatte.)

‹Fehlerhafte Wahrnehmung der Sinneseindrücke› (Faulty sensory appreciation)

Alexanders zweite wichtige Erkenntnis war, daß diese Angewohnheiten nicht nur unsere Handlungen betreffen, sondern daß es auch bei der Wahrnehmung (Propriozeption) Gewohnheiten gibt, die den Handlungsmustern zugrundeliegen, wie zum Beispiel die Angewohnheit, daß wir uns mit

Achten auf die geeigneten ‹Mittel›

den Fingern durch die Haare fahren. Es waren die zur Gewohnheit gewordenen, unbemerkten Empfindungen seines Körpers, auf die er sich verließ, um eine Handlung auszuführen. Und er vertraute ihnen so sehr, daß es sich für ihn falsch anfühlte, wenn er das gewohnte Anspannen und Verkrampfen seiner Muskeln vor der Ausführung einer Handlung unterließ. Das zeigt, welch grundlegende Bedeutung die Propriozeption hat und welch zentrale Rolle propriozeptive Gewohnheiten beim Umgang mit unserem Körper spielen.

Es ist nicht ungewöhnlich, daß ein *Alexander*-Schüler, dem man gerade geholfen hat, seinen Körper zu entkrampfen, glaubt, er sei nun vollkommen verbogen und verdreht oder er lehne nach vorne oder hinten über, obwohl er in Wirklichkeit zum ersten Mal gerade und aufrecht steht oder sitzt. Wie Sie sich denken können, lösen solch objektiv falschen Empfindungen einen Teufelskreis aus, der Veränderung unmöglich macht. Alexander bezeichnete diese Art von Schwierigkeiten mit unseren Empfindungen als *fehlerhafte Wahrnehmung der Sinneseindrücke.*

‹Innehalten› (Inhibition)

Das Erkennen des eben angesprochenen Problems führte Alexander zu seiner dritten Entdeckung. Er sah nämlich, daß er, bevor er irgendetwas tat, innehalten mußte, so daß er sich überlegen konnte, was nötig war, um die Handlung gut auszuführen. Diese Entdeckung der Notwendigkeit des Innehaltens nannte er *Inhibition*.

In der Folge stellte sich die Wahl dieses Ausdrucks als unglücklich heraus. Zwar hatte Alexander seine Entdekkungen zeitlich vor der Veröffentlichung von Freuds Schriften und deren Übersetzung ins Englische gemacht, aber durch Freud erhielt die Bezeichnung *inhibition* allgemein den Sinn von künstlicher Unterdrückung von Gefühlen und Verhaltensweisen. Alexander indessen verwendete den Begriff für eine physiologische Ebene, im Sinne einer gesunden und natürlichen Selbstkontrolle über unerwünschte und unangemessene Reaktionsweisen ohne auch nur im entferntesten ein Unterdrücken der Spontaneität damit zu meinen.

Wie das Konzept des *Innehaltens* funktioniert, kann man sehen, wenn Kinder darauf warten, die Straße überqueren zu können. Sie plaudern, singen oder hüpfen sogar herum, winken sich einander zu, und all das geschieht in einer spontanen, ungezwungenen Weise, während sie auf den geeigneten Zeitpunkt zum Überqueren warten. Als Alexander von *Innehalten* sprach, dachte er ganz sicher nicht an eine hölzerne, steife oder übermäßig ernste Haltung. Stattdessen erzählt man sich, daß, als eines Morgens die Studenten des ersten Unterrichtskurses für zukünftige *Alexander*-Lehrer mit gar zu ernsten Gesichtern ankamen, Alexander sie mit den Worten weggeschickt haben soll: «Ich kann euch nicht unterrichten, solange ihr solche Gesichter zieht, geht hinaus und heitert euch ein wenig auf!»

Ein anderes Mal sagte er: «Wenn ihr damit aufhört, das Falsche zu tun, geschieht das Richtige von selbst.» Alexander wußte aus eigener Erfahrung: wenn es ihm gelang, die-

«Wenn ihr damit aufhört, das Falsche zu tun, geschieht das Richtige von selbst.»

ses *Innehalten* zu praktizieren, das heißt, zu verhindern, daß die alten Verhaltensmuster sich wiedereinstellen, und auch die *Primärkontrolle* anzuwenden, dann war es seinem Körper möglich, sich ohne jede Anstrengung frei zu bewegen und auf natürliche Weise zu funktionieren.

DER WEG ZU EINER LÖSUNG

Mit dem Augenblick, in dem Alexander einen Weg gefunden hatte, diese Entdeckungen in sein Handeln einzubeziehen, hatte er die Lösung seiner Probleme gefunden. In dem Maße, in dem er die Kraft seiner Gewohnheiten und die Unangemessenheit des Fixiertseins auf ein Ziel erkannte, war er gezwungen, sehr sorgfältig auf das zu schauen, was er tat, und sich über die geeigneten *Mittel* Gedanken zu machen, mit denen er sein Ziel erreichen wollte. Während dieses Prozesses mußte er seine *fehlerhafte Wahrnehmung* der Sinneseindrücke im Hinblick darauf, wie sein Körper zu sein habe, überwinden. Dies erreichte er, indem er in seiner anfänglichen auf ein Ziel fixierten Handlungsweise innehielt und stattdessen seinen Körper dazu brachte, natürlicher zu funktionieren, indem er sicherstellte, daß er sich an seine *Anweisungen* hielt, damit die *Primärkontrolle* wirken konnte.

Wie der ‹Bordstein-Unterricht› der Kinder verlangt dieser Prozeß Wiederholung und Zeit. Wenn man jedoch versucht, die Dinge zu forcieren oder zu schnell vorwärtskommen will, erzeugt man lediglich Angstreflexe, die die Möglichkeit des freien und natürlichen Umgangs mit dem Körper blockieren. Stattdessen müssen wir uns Zeit lassen, damit sich die bewußten Inhalte unserer *Anweisungen* in unserem Nervensystem verankern können. Das wirkt sich wiederum auf den allgemeinen Muskeltonus aus, wodurch sowohl die Körperhaltung als auch die Bewegungsweise verändert werden.

Es überrascht nun nicht mehr, daß Alexander so viel Zeit brauchte, um seine Entdeckungen zu machen und die *Technik* schließlich in der Anwendung zu vervollkommnen. Selbst mit diesen schriftlichen Informationen, ist es äußerst schwierig, die *Technik* in der Praxis auszuführen. Dieser Text soll auch kein Ersatz dafür sein; es erwartet ja auch niemand, daß man beispielsweise das Autofahren oder das Spielen eines Musikinstrumentes erlernt, nur indem man ein Buch liest.

DIE ROLLE DES LEHRERS

Die Arbeit des *Alexander*-Lehrers besteht natürlich darin, in der Lage zu sein, dem Schüler die Grundzüge der *Technik* zu erklären und die Probleme des Schülers zu diagnostizieren, um dann herauszufinden, wie man damit umgehen

Selbstunterricht im Fahren.
1. Trete die Kupplung.
2. Lege den Gang ein.

Niemand erwartet, daß man beispielsweise das Autofahren oder das Spielen eines Musikinstrumentes erlernt, nur indem man ein Buch liest.

kann. Darüberhinaus aber ist es ganz wesentlich, daß der Lehrer mit seinen Händen geschickt umgehen kann, um so dem Schüler die notwendige Erfahrung zu vermitteln. Diese Geschicklichkeit im Gebrauch seiner Hände eignet sich der Lehrer in einer langen Ausbildungs- und Übungszeit an, in der er die *Technik* so fließend beherrschen lernt, daß er in der Lage ist, die Schritte, die Alexander entdeckte, verläßlich an sich selbst anzuwenden. Das Ergebnis ist ein Muskeltonus, der es dem Lehrer gestattet, dieselben Möglichkeiten auf die Muskeln des Schülers zu übertragen. So kann dem Schüler nicht nur dazu verholfen werden, sich selbst zu beobachten und zu verstehen, wohin die Bemühungen gehen, sondern vor allem zu *erfahren*, welche Veränderungen erreicht werden können und welche Qualität im Umgang mit dem Körper nötig ist, um zu diesen Veränderungen zu gelangen.

Wir wollen nochmals den eigentlichen Prozeß genauer betrachten, in dessen Verlauf Alexander seine letzten drei Entdeckungen machte und in seine Methode zusammenfaßte. Nach vielem Experimentieren fand er heraus, daß er sein Gehirn überlisten mußte, um es daran zu hindern, den Muskeln zu befehlen, sich in der alten gewohnten Art bereit zu machen. Hier ein Beispiel: wenn er zum Rezitieren ansetzte, mußte er anstatt ‹es nur zu tun›, folgendes beachten:

1. Er mußte sich weigern, es sofort tun (*Innehalten*).
2. Er mußte die *Anweisungen* für die *Primärkontrolle* nacheinander geben.
3. Er mußte mit seinen *Anweisungen* fortfahren, bis er sicher war, daß sie ihn in die Lage versetzten zu tun, was immer er tun wollte (d. h. er achtete auf die zur Durchführung geeigneten *Mittel*).
4. Noch während er seine *Anweisungen* gab, hielt er inne und überlegte sich nochmals, was er eigentlich tun wollte. Dann stellte er sich aufs neue vor die Entscheidung, um für folgende Möglichkeiten offen zu sein:
   a etwas völlig anderes zu tun oder
   b sein ursprüngliches Ziel zu verwirklichen
   c überhaupt nichts zu tun.

In jedem Fall fuhr er, nachdem er eine neue Entscheidung getroffen hatte, damit fort, seine *Anweisungen* zu wiederholen, das bedeutet, daß er sich ganz bewußt wünschte, daß sein Nacken frei sei, sein Kopf nach vorne und nach oben strebe und sein Rumpf sich verlängere und weite. Diese *Anweisungen* stellten zum einen die *Mittel* zur Verfügung, durch die sein Körper mit einem Maximum an Leichtigkeit und Wirksamkeit funktionierte und bewirkten zum anderen die *Primärkontrolle*.

Das hört sich nach einer schwierigen und komplizierten Prozedur an, aber mit der fachlichen Hilfe eines *Alexander*-Lehrers kann diese wichtige praktische Fertigkeit viel leichter erworben werden. Der Lehrer kann mit Hilfe seiner Hände den Schüler in die Lage versetzen, zu erfahren, wie die *Primärkontrolle* funktioniert, wobei der Schüler gleichzeitig lernt, wie er die entsprechenden *Anweisungen* gibt. Da der Lehrer mit seinen Händen eine sehr feine Wahrnehmung dafür hat, was in den Muskeln seines Schülers geschieht, kann er gewährleisten, daß der Schüler die *Primärkontrolle* während einer Handlung aufrecht erhält. Sollte diese Verbindung zur *Primärkontrolle* zu irgendeinem Zeitpunkt abreißen, kann der Lehrer den Bewegungsablauf stoppen und den Schüler an den Punkt zurückführen, an dem die Unterbrechung eingetreten ist. So kann der Schüler seine Probleme genau herausfinden und lernen, sie zu lösen.

Dies ist ein sanfter, subtiler Prozeß, der sowohl vom Lehrer als auch vom Schüler nicht-urteilendes Bewußtsein verlangt und zugleich konzentrierte Aufmerksamkeit auf das, was wirklich geschieht. Diese sehr genaue Beobachtung und klare Diagnose ist, zusammen mit der positiven und praktischen Hilfe bei der Lösung der Schwierigkeiten das Gütesiegel eines guten Unterrichtens.

EINIGE GEDANKEN ZUR ALEXANDER-TECHNIK

Was ist eigentlich *Alexander-Technik*? Warum brauche ich sie? Wieviele Unterrichtsstunden benötige ich? Wie lange dauert eine Unterrichtsstunde? Wie finde ich einen *Alexander*-Lehrer? Wie kann ich erkennen, ob ein *Alexander*-Lehrer über eine gute Ausbildung verfügt? Wieviel kostet eine Unterrichtsstunde? Ist eine besondere Kleidung erforderlich? Das sind einige der vielen Fragen, die man sich stellt, wenn man vor der Entscheidung steht, ob man zu einem *Alexander*-Lehrer gehen will oder nicht. In diesem Kapitel versuche ich diese und einige andere Fragen, die immer wieder auftauchen, zu beantworten, so daß Sie sich gut informiert und zuversichtlich der *Technik* zuwenden können.

Was ist eigentlich Alexander-Technik?

Kurz gesagt: es ist eine praktische Methode um herauszufinden, welche Gewohnheiten wir uns beim Umgang mit unserem Körper angeeignet haben, und wie wir diejenigen, die wir als schädlich erkennen, verhindern können.

Warum brauche ich sie?

In unserer schnellebigen, hochtechnisierten Gesellschaft kommt es häufig vor, daß die instinktiven Reaktionen, mit denen unser Körper auf Gefahr reagiert, schon durch alltägliche Vorfälle und in oft unangemessener Weise ausgelöst werden. (Man denke zum Beispiel an die Wirkung, die der Verkehrslärm auf uns hat.) Durch Streß werden wir immer angespannter und geraten im wahrsten Sinne des Wortes aus der *Form*. Dieses Verhaltensmuster wird sehr schnell zur Gewohnheit, die nicht nur unsere Leistungsfähigkeit, sondern auch unsere Gesundheit untergräbt. Die *Alexander-Technik* versetzt uns in die Lage, solche Verhaltensmuster zu erkennen *und* ihnen entgegenzuwirken, so daß wir unsere gesamte Funktionsweise verbessern und das allgemeine Wohlbefinden steigern können.

Welches sind die grundlegenden Prinzipien?

Das Umgehen mit sich (Use): Die Art und Weise, wie wir mit unserem Körper umgehen, beeinflußt seine Funktionsweise. Wenn man beispielsweise versucht, einen Schraubenzieher als Meißel zu benutzen, so stellt dies einen falschen Gebrauch dar, der das Werkzeug zerstört und es für seinen eigentlichen Zweck ungeeignet macht.

Wenn man aber den Schraubenzieher dazu benutzt, wozu er eigentlich gedacht ist, so wird er lange gebrauchsfähig bleiben. In ähnlicher Weise wird unser Körper nur dann optimal funktionieren, wenn wir lernen, richtig mit ihm umzugehen.

Innehalten (Inhibition): Der Vorgang, das unsachgemäße Umgehen mit dem Körper anzuhalten, wird *Innehalten* genannt. Dies bedeutet ein bewußtes *Nein* zu der alten Verhaltensweise, um so zu einem neuen und besseren Weg des Umgehens mit dem Körper finden zu können.

Sinneswahrnehmung (Sensory appreciation): Um vernünftig mit uns selbst umgehen zu können, müssen wir sicher sein, daß wir genauestens wissen, was wir tun. Ein Großteil unserer Information hierüber erhalten wir über die Propriozeption (vgl. Seite 37f.). Aufgrund des schlechten Umgangs mit unserem Körper, sind für die meisten von uns die *Sinneswahrnehmungen* unzuverlässig. Durch fortgesetztes Üben können sie wieder zu einem vertrauenswürdigen Instrument werden.

Primärkontrolle (Primary control): Um unsere *Sinneswahrnehmung* wieder zuverlässiger werden zu lassen, müssen wir erst zu einem besseren Umgang mit dem Körper finden. Das wird dadurch erreicht, daß der Kopf in einem dynamischen Verhältnis zum Nacken und zum Rücken stehen muß (*Primärkontrolle*), wodurch sich die Länge und Breite des Rumpfes vergrößern. Obwohl sich dieser Prozeß nur sehr schwer mit Worten beschreiben läßt, kann er von einem *Alexander*-Lehrer schnell und eindrucksvoll vorgeführt werden.

Anweisungen (Directions): Nach Alexanders Beobachtungen wird der Körper fortwährend mit Anweisungen versorgt, bewußt oder unbewußt, gut oder schlecht, auf eine neue Art und Weise oder in der gewohnten, um etwas entweder zu verhindern oder zu veranlassen. Der *Alexander-Technik* kommt es zuerst darauf an, den gewohnheitsmäßigen, unbewußt mangelhaft gelenkten Umgang mit dem Körper zu vermeiden, um dann mit bewußt gewählten *Anweisungen* die *Primärkontrolle* aufzubauen, was schließlich zu einem verbesserten Funktionieren führt.

Fixiertsein auf ein Ziel (End gaining): Mit diesem Ausdruck bezeichnete Alexander ein Handeln, bei dem eine beabsichtigte Tätigkeit sofort in Angriff genommen wird, ohne darüber nachzudenken, was wir während dieses Vorgangs tun. Er erkannte dies als zentrales Problem bei den unterschiedlichsten Arten von Lernprozessen, besonders beim Erlernen der *Technik. Fixiertsein auf ein Ziel* kann oft Ursache für einen fehlerhaften Umgang mit seinem Körper sein.

Achten auf die ‹Mittel› (Attending to the means whereby): Das ist der Schlüssel, womit überstürzte Reaktionen, die durch das *Fixiertsein auf ein Ziel* hervorgerufen werden, gestoppt werden können. *Innehalten* ist notwendig, um den Vorgang des *Fixiertsein auf ein Ziel* zu unterbrechen. Dann werden neue *Anweisungen* gegeben, um so die *Mittel* bereit zu stellen, durch die das Ziel am besten Schritt für Schritt erreicht werden kann. In der Praxis bewirkt dies den Aufbau der *Primärkontrolle.*

Wieviele Unterrichtsstunden benötige ich?

Alexander empfahl ein Minimum von etwa dreißig Unterrichtsstunden. Einige Lehrer glauben, daß zwanzig Stunden ausreichend sind. Die notwendige Stundenzahl hängt in erster Linie davon ab, was Sie erreichen möchten und welche Probleme Sie haben. Herr G's Symptome verschwanden innerhalb von sechs Unterrichtsstunden, während es viel länger dauerte, den neuen Umgang mit sich selbst zu erlernen, der ein wiederholtes Auftreten seiner Beschwerden verhinderte. Diana K., als ein anderes Beispiel, nahm ihren Unterricht nicht, um damit spezielle Probleme zu lösen. Sie nahm drei Jahre lang von Zeit zu Zeit Unterrichtsstunden, um mit dem Gelernten ihr Tanzen zu verbessern.

Wie lange dauert eine Unterrichtsstunde?

Alexander benötigte dreißig Minuten um bei einem Schüler nutzbringende Veränderungen zu bewirken. Weniger erfahrene Lehrer brauchen vielleicht vierzig Minuten. Für die meisten Schüler ist dies die maximale Zeitspanne, während der sie die nötige Konzentration aufrecht erhalten können, um von den Veränderungen zu profitieren, die während dieser Zeit auftreten.

Wie finde ich einen Alexander-Lehrer?

Da den *Alexander*-Lehrern das Inserieren durch ihren Berufsverband untersagt ist, ist es sehr unwahrscheinlich, daß man von ihnen auffallende Inserate in Zeitungen oder Zeitschriften findet. Sie dürfen sich jedoch im Telefonbuch unter dem Stichwort ‹*Alexander-Technik*› eintragen lassen. Der sicherste Weg, einen *Alexander*-Lehrer zu finden, ist, dem Sekretariat der *Society of Teachers of the Alexander Technique (STAT)* zu schreiben, oder der Gesellschaft Ihres Landes (vgl. Seite 108). Von dort erhält man eine vollständige Liste der qualifizierten Lehrer.

Wie kann ich erkennen, ob ein Alexander-Lehrer über eine gute Ausbildung verfügt?

Ein Lehrer sollte ein Zertifikat vorweisen können, ausgestellt von der *Society of Teachers of the Alexander Technique*, von F. M. Alexander selbst, oder von einer der nationalen Gesellschaften der *Alexander*-Lehrer, die mittlerweile in verschiedenen Ländern gegründet wurden. Alle diese Gesellschaften sind der *STAT* angeschlossen. Dies sollte auf der Bescheinigung, die eine dieser Gesellschaften ausstellt, ersichtlich sein. Bei irgendwelchen Unklarheiten wenden Sie sich an das Sekretariat der *STAT*.

Wieviel kostet eine Unterrichtsstunde?

Der Preis für eine Unterrichtsstunde ist verschieden und hängt von der Erfahrung des Lehrers und seinen allgemeinen Unkosten ab. Zum Beispiel ist der Unterhalt einer Praxis in der Mitte Londons viel kostspieliger als auf dem Land. In Großbritannien liegen die Kosten zwischen £ 10 und £ 25, in den Vereinigten Staaten zwischen $ 20 und $ 60 und in Deutschland zwischen DM 35 und DM 100. Es besteht jedoch nicht notwendigerweise eine Beziehung zwischen der Qualität einer Unterrichtsstunde und dem geforderten Preis. Ich schlage Ihnen vor, wenn möglich zwei oder drei Lehrer aufzusuchen, bevor Sie sich entscheiden, mit welchem Sie arbeiten und wieviel Sie bezahlen wollen.

Ist eine besondere Kleidung erforderlich?

Am besten ist gewöhnliche Alltagskleidung, in der man sich gut bewegen kann. Sehr enge Jeans oder hohe Absätze sind nicht zu empfehlen, es sei denn, daß man sie normalerweise trägt. Ich sage das, weil es bei der *Alexander-Technik* darum geht, sein *normales* Leben in einer besseren Weise leben zu lernen; es bedarf daher weder spezieller Übungen oder besonderer Kleidung. Während der Unterrichtsstunde braucht man seine Kleider nicht auszuziehen.

Muß ich vor einer Unterrichtsstunde Essen und Trinken unterlassen?

Nur insoweit Sie ein schweres Mahl oder Alkohol schläfrig macht und ihre Aufmerksamkeit einschränkt.

Kann ich Fragen stellen?

Ja!

Was sollte ich fragen?

Es ist sinnvoll, sich vor der ersten Stunde über alle grundsätzlichen Fragen klar zu werden. So zum Beispiel über folgende Punkte: welche Erfahrungen und Qualifikationen bringt der Lehrer mit, was kosten die Unterrichtsstunden. Sie sollten auch in Erfahrung bringen, ob er glaubt, Ihnen bei Ihren Problemen helfen zu können und wie viele Stunden er für notwendig hält. Fragen Sie, was geschieht, wenn Sie nicht so viele Stunden nehmen können, wie er vorschlägt. Fragen Sie, ob Sie gleich an die Reihe kommen oder ob er eine lange Warteliste hat, und ob er Ihnen in diesem Fall andere *Alexander*-Lehrer empfehlen kann.

Was sollte ich meinem Alexander-Lehrer sagen?

Sie sollten sich darüber im klaren sein, warum Sie *Alexander*-Stunden nehmen wollen. Was möchten Sie erreichen? Wieviel Zeit werden Sie haben? Wenn Sie irgendwelche

«Steigerung der Lebensqualität . . . OK . . . schön . . . und weiter?»

Sie sollten sich darüber im klaren sein, warum Sie Alexander-Stunden nehmen wollen.

gesundheitlichen Probleme haben, vergessen Sie nicht, diese zu erwähnen. Der *Alexander*-Lehrer wird Sie nicht über Ihr Privatleben ausfragen; wenn Sie aber glauben, daß irgendetwas Persönliches Ihnen Schwierigkeiten verursacht, so sollten Sie davon sprechen.

Wenn Sie die nächsten Abschnitte durchlesen und dabei das Gefühl bekommen, daß Sie mit dem, was während einer Unterrichtsstunde geschieht, eventuell Schwierigkeiten haben könnten, so sollten Sie das Ihrem Lehrer mitteilen.

Welche Fragen stellt mir der Alexander-Lehrer?

Normalerweise fragt Sie der *Alexander*-Lehrer nach Ihrer privaten Telefonnummer und der von Ihrem Arbeitsplatz, um gegebenenfalls Veränderungen des Termins zu vereinbaren. Wenn Sie gerade in medizinischer Behandlung sind, wird er Sie bitten, das Einverständnis des Arztes einzuholen. Wenn Sie es nicht schon selbst angesprochen haben, wird er Sie wahrscheinlich nach Grund und Ziel Ihres Kommens fragen und sich nach besonderen Problemen oder Beschwerden erkundigen.

Mit meinen Händen auf dem Nacken und den Schultern des Schülers verschaffe ich mir einen ungefähren Eindruck davon, wie verspannt er ist.

Was geschieht in den ersten Unterrichtsstunden?

Was nun im Einzelnen geschieht, hängt in erster Linie von Ihnen selbst und dann vom Lehrer und von Ihren besonderen Bedürfnissen ab. Deshalb kann ich im folgenden auch nur eine ungefähre Beschreibung geben, die auf meinen persönlichen Erfahrungen als *Alexander*-Lehrer beruht. Im allgemeinen setze ich mich in der ersten Stunde mit dem Schüler zusammen und bespreche mit ihm die oben erwähnten Punkte. Das dauert normalerweise fünf bis zehn Minuten. Nachdem wir uns etwas kennengelernt haben, bitte ich den Schüler um Erlaubnis, ihm während des Hinsetzens meine Hände auf Nacken und Schultern legen zu dürfen. Auf diese Weise bekomme ich einen ungefähren Eindruck davon, wie verspannt der Schüler ist, und zudem gewöhnen wir uns aneinander. Dies gibt dem Schüler eine Vorstellung davon, berührt zu werden, ohne aktive Beeinflussung und Wertung durch den Lehrer.

Ich halte eine Hand an den Nacken des Schülers und bitte ihn aufzusehen, wie er dies normalerweise tut. Danach tauschen wir die Plätze und ich kopiere sein Bewegungsmuster, damit er sein Tun in der Rolle des Betrachters sehen und spüren kann. Ich erkläre ihm kurz, wofür ich dieses Bewegungsmuster halte und wie es seinen Körper beeinflußt. Darauf erzähle ich in groben Zügen von den Entdeckungen Alexanders und demonstriere die Wirkung, die *Innehalten* und *Anweisung* auf mich haben. Normalerweise ist der Unterschied so offensichtlich, daß wir unsere Plätze wieder tauschen können. Mit Hilfe meiner Hände kann ich Veränderungen herbeiführen, die für den Körpergebrauch des Schülers notwendig sind, und ihn den Unterschied an sich selbst spüren lassen. Für gewöhnlich hat der Schüler schon bald das Gefühl, größer und leichter zu sein und sich müheloser bewegen zu können.

Sobald es möglich ist, bitte ich den Schüler, die *Anweisungen* zu denken, damit er lernt, die *Primärkontrolle* bei sich selbst anzuwenden. Am Anfang gelingt dies nur mit Hilfe meiner Hände, aber mit der Zeit lernen die meisten Schüler, selbständig von der *Primärkontrolle* Gebrauch zu machen.

Die ersten Unterrichtsstunden sind auf ganz einfache Situationen wie Sitzen, Stehen und Liegen beschränkt. Wir beschäftigen uns damit, weil es sich um einfache, ganz alltägliche Tätigkeiten handelt. Das Ziel ist, dem Schüler zu vermitteln, daß er die *Technik* in jeder beliebigen Situation anwenden kann. Je mehr Erfahrung wir im Unterricht in der *Alexander-Technik* gemacht haben, desto kompliziertere Tätigkeiten können in Angriff genommen werden.

LERNSTUFEN

Das Erlernen der *Technik* erfordert bei jedem einzelnen unterschiedlich viel Zeit. Es ist einmal davon abhängig, wie schlecht er bis dahin mit seinem Körper umgegangen ist, und dann wie schwerwiegend die dadurch entstandenen Probleme geworden sind. Daher ist die folgende Beschreibung der verschiedenen Lernstufen keinesfalls definitiv, sondern vermittelt einen allgemeinen Überblick über deren Fortschreiten, wie sie Schüler der *Alexander-Technik* erfahren haben.

ERSTE STUFE

Die erste Stufe beim Lernen der *Technik* ist, das Aktivwerden der *Primärkontrolle* durch die unterstützenden Hände des Lehrers zu erfahren. Bei manchen Schülern geschieht das sofort. Sie können die Veränderungen in ihrer Muskulatur wahrnehmen, die mit dem Länger- und Breiterwerden des Rumpfes einhergehen. Sie fühlen sich leichter und freier in ihren Bewegungen. Einige berichten auch von psychischen Erfahrungen, die sie gemacht haben.

Bei der Mehrzahl der Schüler dauert es jedoch etwas länger, bis sie diese erste Stufe erreicht haben. Ich, zum Beispiel, bemerkte sechs Monate lang keine besonderen oder klar definierten Veränderungen, auch wenn die ersten

Stunden durchaus angenehm gewesen sind. Doch die meisten Lernenden werden nicht solange brauchen. In ganz wenigen Fällen kann es geschehen, daß gar keine Veränderungen wahrgenommen werden. Ein älterer Kollege erzählte mir von einem Mann, der schon dreißig Unterrichtsstunden erhalten hatte und offensichtlich nichts spürte. Mein Kollege fragte ihn, warum er fortfahre Stunden zu nehmen. Der Mann antworte: «Ich mußte mir neue Jackets kaufen, da ich zu breit für die alten geworden bin. Ich mußte mir auch neue Schuhe kaufen, weil meine Füße gewachsen sind. Außerdem sagen mir meine Kinder, daß es sich besser mit mir leben läßt.»

Diese Geschichte zeigt uns eindrücklich, daß es der *Technik* darum geht, objektiv wahrnehmbare Verbesserungen im Umgang mit unserem Körper zu erzielen, und daß diese objektiven Veränderungen sogar geschehen können ohne subjektiv wahrgenommen zu werden. Umgekehrt kann es sein, daß das Wahrgenommene nicht mit den objektiven Veränderungen übereinstimmt. Das läßt sich am Beispiel eines Schülers zeigen, der, als er gebeten wurde, seinen Nacken loszulassen, ihn in Wirklichkeit versteifte. Oder einer Schülerin, die ich aufforderte, ihren Kopf nach vorn und oben zu richten, ihn aber stattdessen nach hinten zog.

Diese Beispiele veranschaulichen, wie tief die Gewohnheiten, denen wir anhängen, in unseren Vorstellungen, unserer Art zu leben und besonders in der Weise, auf Anforderungen zu reagieren, verwurzelt sind. Ähnlich wie Tiere, die etwas Außergewöhnliches wahrnehmen, versteifen wir uns als Antwort auf eine Anforderung automatisch. Dabei wäre es in einer Situation, wo es nicht ums Überleben geht, eigentlich notwendig, ruhig, aber wachsam für alles Interessante zu bleiben. Nur das gestattet es uns, mühelos auf jede nur mögliche Art zu reagieren. Der Trick, um den eben erwähnten Schülern zu helfen, war die Aufforderung, ihren Kopf zurückzuziehen und zu fixieren. Das führte zum Freiwerden des Nackens bzw. zum Nach-vorn-und-oben-richten des Kopfes. Weiterhin machen diese Beispiele auf die beeinflussende Wirkung von Worten aufmerksam. Bei jedem löst ein bestimmtes Wort andere, ihm eigene Assoziationen aus. Das trifft insbesondere für Angewohnheiten zu.

ZWEITE STUFE

Bei fortschreitendem Unterricht, wenn sich die objektiven Veränderungen mit Hilfe des Lehrers zu wiederholen beginnen, kommt der Schüler in die nächste Phase. Hier erlangt er allmählich die Fähigkeit, sich die *Anweisungen* – wenn er ruhig ist und mit den Händen des Lehrers zusammen – selbst zu geben. Bei einigen Schülern ist dies eine schnelle und einfache Angelegenheit. Sie sind auf ihren Körper eingestimmt und können um größere Freiheit im Umgang mit ihrem Körper, wie Alexander es nannte, ‹freundlich bitten›. Jedoch stoßen auf dieser Stufe die meisten von uns auf das Problem der Gewohnheit. Nehmen wir Peter F., einen Rockmusiker, als Beispiel. Seine Arbeit verlangt häufiges Herumreisen, äußerst anstrengendes und lautes Musikmachen und einen unregelmäßigen Tagesablauf. Er selbst bezeichnet sich als ehrgeizigen und strebsamen Menschen. Sein Körper ist kräftig und – in Alexanders Begriffen – eher steif und hart, eine Haltung, die den Umgang mit seinem Körper widerspiegelt. Seine Bewegungen waren hektisch und ziemlich eckig, er war stets ‹auf dem Sprung›. Als wir mit unserer Arbeit anfingen, wurde mir bald klar, daß die Schwierigkeit darin bestand, Peter dazu zu bringen, in seiner Unruhe anzuhalten. Solange es nicht gelang, ihn zum Innehalten zu veranlassen, sowohl geistig als auch körperlich, würde er nicht in der Lage sein, die *Technik* zu erfahren und sie ohne Hilfe selbst anzuwenden.

Peter wurde allmählich klar, wo das Problem lag, aber er

war unfähig, etwas dagegen zu unternehmen. Wie sollte er auch? Das einzige ihm bekannte Mittel, etwas zu veranlassen, war, es einfach zu machen! Der Gedanke, daß man etwas geschehen lassen kann, ohne etwas anderes dafür zu tun, war nicht nur im Praktischen unmöglich, sondern auch theoretisch unbegreiflich. Die Lösung war, daß ich Peter mit seinen Händen fühlen ließ, während ich sein Tun imitierte und als Vergleich dazu die Handlung wiederholte, diesmal mit *Innehalten* und *Anweisungen*. Anschließend, während er darüber nachdachte, lenkte ich ihn erneut mit meinen Händen durch die Handlung.

Da er sehr beschäftigt war, wurde unsere gemeinsame Arbeit des öfteren unterbrochen und wir mußten wieder von vorne anfangen. Als Peter lernte, anzuhalten und den Körper selbst handeln zu lassen, begann er die *Primärkontrolle* zu erleben. Nach und nach lernte er *Anweisungen* zu geben, ohne den Versuch eine bestimmte Wirkung zu erzielen. Wenn er nicht losließ, war Steifwerden oder, wenn er zu entspannen versuchte, ein Kollaps in einer Körperpartie die Folge; dies führte als Kompensation zu vermehrter Anspannung an anderen Stellen. Somit kam er zur dritten Stufe und war nun fähig, seine *Anweisungen* während einer geführten Bewegung zu geben, zum Beispiel vom Sitzen zum Stehen.

DRITTE STUFE

Diese dritte Stufe gleicht der Phase in Alexanders Forschungen, in der er herausfand, daß er gleichzeitig seine *Anweisungen* geben und rezitieren konnte. Mit Hilfe des *Alexander*-Lehrers werden die Schüler fast automatisch korrigiert, besonders wenn sie eine Bewegung beginnen. Dieser Unterschied zu Alexanders Situation vereinfacht unser Lehren, indem wir nicht die Gewohnheiten in dem kritischen Moment des Handelns zu überlisten brauchen.

In diesem dritten Lernabschnitt arbeitete Alexander mit seinen Schülern an zwei besonderen Vorgängen. Zuerst konzentrierte er sich auf das Nachvornebeugen im Sitzen oder Stehen und plazierte dabei die Hände auf der Rückenlehne eines Stuhles. Das nannte er ‹mechanisch günstige Körperstellung› oder auch *monkey*. Durch das systematische Arbeiten an diesem Vorgang kann der Schüler lernen, eine Tätigkeit mit den Händen zu verrichten, sei es schreiben, zeichnen, Geschirr abwaschen, die Schalthebel beim Autofahren zu bedienen oder ein Musikinstrument spielen, und dabei die *Primärkontrolle* aufrecht zu erhalten.

Der zweite Vorgang war das Einsetzen der Stimme und des Atems um ein bestimmtes Geräusch zu erzeugen: das sogenannte ‹geflüsterte ah›. Dies gibt größere Geschicklichkeit in allem, was mit der Stimme oder der Atmung in Verbindung steht, wie Vorlesungen halten, singen, telephonieren oder ein Blasinstrument spielen.

Diese beiden Vorgänge stellen nützliche Modelle dar, um das ganze Spektrum menschlichen Handelns zu untersuchen und zu erlernen, vom Gehen und Laufen zum Tanzen, Radfahren, Springen, Heben, Tragen, Ausüben von Yoga, T'ai Chi oder Kampfkünsten, Pantomime und dem Studium der Körpersprache.

VIERTE STUFE

Die vierte Stufe kennzeichnet sich dadurch, daß der Schüler die *Primärkontrolle* ohne Hilfe bei einer immer größer werdenden Zahl von Aktivitäten und Situationen beibehalten kann. Anfangs mag dies nur im Unterrichtsraum in zuverlässiger Weise gelingen und das auch nur bei einfachen Tätigkeiten. Aber mit wachsender Erfahrung kann die eigenständige *Primärkontrolle* nach draußen und auf immer mehr Aktivitäten ausgeweitet werden.

In Auseinandersetzungen mit ihrer Chefin zog sie immer den kürzeren.

Ein Beispiel mag dies verdeutlichen. Betty G. ist Sekretärin, eine zugängliche, leistungsfähige und hilfsbereite Frau. Ihre Chefin kannte sie als gefällige Angestellte und bat sie des öfteren, Überstunden zu machen. Manchmal ärgerte sich Betty darüber, aber sie wußte nicht, wie sie nein sagen sollte. Ihre Chefin neigte zu Überheblichkeit, während Betty eher schüchtern war. In Auseinandersetzungen mit ihrer Chefin zog sie immer den kürzeren.

Eines Abends, an dem Betty einen Termin für eine *Alexander*-Stunde hatte, bat die Chefin sie wieder einmal, Überstunden zu machen. Anstatt ja zu sagen oder zu diskutieren, gab sie dieses Mal ihre *Anweisungen* und sagte bestimmt, aber höflich: «Nein, ich habe eine wichtige Verabredung.» Die Chefin war von der geradeheraus vorgebrachten, höflichen Absage dermaßen überrascht, daß sie nichts erwidern, sondern nur noch zustimmen konnte. Dieses Neinsagen zu alten Verhaltensmustern, indem man innehält und sich neue *Anweisungen* gibt, ist in weniger emotionalen Situationen ebenso wirkungsvoll.

FEHLER

Wie in so vielen Bereichen menschlichen Bemühens, gibt es auch bei *Alexander*-Lektionen manchmal Mißerfolge. Das mag nur ein vorübergehender Knoten sein – denn wir alle haben gelegentlich Schwierigkeiten, wenn wir etwas lernen wollen –, möglicherweise handelt es sich aber um ein Problem von längerer Dauer. Die häufigste Schwierigkeit ist die der inneren Einstellung des Schülers. Es kommt vor, daß Leute von wohlmeinenden Verwandten oder Freunden zu *Alexander*-Stunden geschickt werden und eigentlich kein Interesse daran haben. In anderen Fällen erhoffen sie eine bestimmte, schnelle und einfache Lösung ihres Problems. Sie erwarten einen Lehrer, der ihnen möglichst schnell und ohne ihren Alltag zu stören, die Schwierigkeiten aus dem Weg räumt. Alexander bezeichnete solche Menschen als *Ziel-Streber (End-gainers)*. Sie empfinden diese manchmal langsam vorwärtsgehende und sorgfältige Arbeit als frustrierend und behaupten, für die Beschäftigung mit solchen Dingen keine Zeit zu haben.

Ein weiteres Problem der inneren Haltung findet sich manchmal bei Menschen, die eine der verschiedenen ‹Wachstumstherapien›, die zur Zeit in Mode sind, praktizieren. Bevor ich fortfahre, möchte ich klarstellen, daß ich in keinster Weise eine dieser Methoden kritisiere, sondern lediglich die festgefahrene Einstellung mancher Menschen einer bestimmten Methode gegenüber. Einige Beispiele mögen diese Schwierigkeiten verdeutlichen. Brenda A., eine Lehrerin, litt jahrelang unter starken Schmerzen in Nacken und Schultern. Sie lernte eine Art Körperhaltungstraining, das sie korrektes Stehen und Sitzen lehrte. Obwohl die Grundgedanken an sich vernünftig waren, befaßte sich dieses Übungssystem nicht mit den Gewohnheiten, die Brendas Nacken- und Schulterbeschwerden zugrunde lagen. Als wir miteinander zu arbeiten begannen, bemerkte ich, daß sie bei jedem Bereitmachen zum Aufstehen zuerst einen Fuß zurücksetzte. Dadurch versteifte sich nicht nur ihr ganzer Körper, sondern er wurde auch merklich kürzer. Wir sprachen über dieses Problem, und ich erklärte ihr, was ich an ihrem Körper sehen und fühlen konnte. Zudem demonstrierte ich ihr durch Nachahmung, was sie tat. Da es jedoch so sehr Teil ihrer selbst geworden war, konnte Brenda dieses Versteifen anfangs nicht wahrnehmen. Die Gewohnheit war, besonders weil sie dies als einzig richtige Art sich zu bewegen gelernt hatte, so übermächtig, daß sie eine andere Möglichkeit nicht einmal in Betracht ziehen konnte. Die Möglichkeit, in einer anderen Weise zu handeln, konnte sie sich nicht zugestehen. Nicht etwa, weil sie sich meiner Arbeit widersetzte, sondern weil ihre Wahrnehmungen ihr mitteilten, daß etwas anderes unmöglich sei. Im Laufe unserer Zusammenarbeit wurde ihr klar, daß ich nichts an der von ihr erlernten Methode auszusetzen hatte, sondern nur daran, wie sie sie anwandte. So gelang es ihr allmählich, sich selbst mit anderen Augen zu sehen, und nach und nach lernte sie, ihren Körper während der Bewegungen frei und leicht zu lassen.

Robert J. ist ein viel beschäftigter PR-Manager einer großen Firma. Zu seiner Arbeit gehören häufige Besprechungen und Planungskonferenzen. Sein Interesse gilt der Psychologie und verschiedenen Formen der Psychotherapie, und dadurch kam er mit einigen emotionalen Faktoren, die in seinem Leben eine Rolle spielen, in Berührung. Er suchte mich auf, da er auf die *Alexander-Technik* neugierig war. Es war sofort zu sehen, daß Robert zu entspannt war, was bedeutet, daß sein Körper schwerfällig und wenig reaktionsfreudig war. Als ich mit ihm darüber sprach, sagte er mir, daß er fühlen würde, was in seinem Körper vorginge und er verschiedene Gefühle wahrnehmen könne, die aus unserer gemeinsamen Arbeit entstanden seien. Ich erklärte ihm, daß bei unserer Arbeit das Augenmerk in einer mehr

Es war sofort zu sehen, daß Robert zu entspannt und sein Körper deshalb schwerfällig und wenig reaktionsfreudig war.

allgemeinen Weise darauf gerichtet ist, was wir tun wollen und was wir uns selbst in diesem Prozeß antun, d. h. wie wir mit uns umgehen. Als Teil davon sind Gefühle und Emotionen wichtig. Konzentrierten wir uns jedoch ausschließlich auf das Fühlen und Spüren unserer Regungen, würden wir es uns unmöglich machen, Verbesserungen im Umgang mit unserem Körper und Geist hervorzubringen. Aber gerade solche Verbesserungen hätten positive Auswirkungen auf unsere Gefühle und Emotionen. Allgemein gesagt: Gefühle und Emotionen berichten uns von dem, was geschehen ist oder was wir uns vorstellen, was geschehen könnte. Sie sagen uns nicht, wofür wir uns entscheiden oder wie wir es erreichen können. Was wir beabsichtigen, ist nicht, unseren Gefühlen und Emotionen zuwider zu handeln, sondern eine klare Empfindung von dem zu haben, was gut für uns ist.

Ein Teil menschlichen Entscheidens basiert auf Gefühlen: «Ich will etwas tun». Das Wollen liefert die Antriebskraft. Das Wie, das klare Gestalten des Wunsches und das Erkennen, wie dieser Wunsch in einen größeren Zusammenhang paßt, erfordert bewußtes Denken. Das ist der

Aspekt, um den es bei der *Technik* geht. Robert stimmte dem zu, und ich konnte ihm zeigen, daß sein Körper mit dieser neuen Denkweise leichter und freier wird. Aber daran war Robert nicht interessiert. Er wollte die Erforschung seiner Gefühle und Emotionen auf seine Weise fortsetzen, weil die sich besser anfühlte und ihm wichtiger war. Das war sein gutes Recht. Die *Technik* beabsichtigt nicht, Menschen zu konditionieren, zu hypnotisieren oder auf andere Weise Einfluß auf sie zu nehmen, ohne daß sie jederzeit mit ihrem freien Willen dabei sind. Vielmehr geht es um das Erlernen der Fähigkeit zu beobachten und zu wählen. Die Leute müssen die Freiheit haben, dies beides üben zu können.

Als Grund, den Unterricht abzubrechen, geben Schüler oftmals ihre schlechte finanzielle Lage an. Sollte dies wirklich der Fall sein, so würde ich Ihnen vorschlagen, mit Ihrem Lehrer darüber zu sprechen. Denn ich kenne keinen *Alexander*-Lehrer, der Sie nicht weiter unterrichten würde, nur weil Sie den vollen Preis nicht mehr zahlen können.

Manchmal kommt es vor, daß ein Lehrer nicht die Sprache des Schülers zu sprechen versteht. Das ist auch einer der Gründe,warum ich vorschlage, zwei oder drei *Alexander*-Lehrer aufzusuchen, bevor man sich entscheidet, mit welchem man arbeiten will.

WARUM DAS LERNEN SO VIEL ZEIT IN ANSPRUCH NIMMT

Wie die bisherigen Beispiele zeigen, gibt es beim Erlernen der *Technik* einige wirkliche Probleme zu bewältigen. Psychische und physische Behinderungen sind derart miteinander verflochten, daß sie nicht zu trennen sind. Darum sprach Alexander auch immer vom ganzheitlichen Selbst, anstatt in Geist und Körper zu trennen. Schwierigkeiten des Selbst

«Er wäre noch größer, wenn er nicht sein ganzes Geld für mich ausgegeben hätte ...»

Der Grund, den Schüler angeben, wenn sie den Unterricht abbrechen, ist Geldmangel.

sind daher nicht leicht zu lösen, denn sie betreffen uns als Ganzes. Stattdessen müssen wir zulassen, daß sich Wachstum und Entwicklung einstellen können. Das erlaubt uns, die psychischen und physischen Veränderungen, die durch die *Technik* hervorgerufen werden, in der uns eigenen Geschwindigkeit zu integrieren.

WARUM EINZELSTUNDEN NÖTIG SIND

Jeder von uns ist ein einmaliges menschliches Wesen mit seinen individuellen Bedürfnissen. Das wichtigste ist, daß jeder von uns den notwendigen Antrieb erhält, die eigene *Primärkontrolle* gebrauchen zu lernen. In Gruppen können wir sehr viel lernen, und die meiste Information, die das vorliegende Buch vermittelt, könnte in Gruppenarbeit unterrichtet werden. Um jedoch die wesentliche Erfahrung zu machen, wie die *Primärkontrolle* tatsächlich im Körper funktioniert, bedarf es des physikalischen Eingreifens des

Lehrers. Das Vorgehen gleicht dem Stimmen eines Musikinstrumentes oder dem Einstellen des Motors beim Auto; jedes einzelne Musikinstrument bzw. jeder Motor muß von Hand gestimmt bzw. eingestellt werden, damit eine gute Funktion gewährleistet ist. Die außerordentliche Kompliziertheit unserer Körper-Geist-Einheit macht dies zu einer herausfordernden und schwierigen Aufgabe. Das ist auch einer der Gründe für die lange Ausbildungszeit zum *Alexander*-Lehrer und für die Notwendigkeit des Feingefühls im Gebrauch seiner Hände. Der Vorgang eines solchen Einstimmens ist ausgesprochen persönlich, er braucht Zeit und eine unterstützende und streßfreie Umgebung. Zudem ist vieles, was Lehrer und Schüler untereinander austauschen, privater Natur. Damit das nötige Vertrauen entstehen kann, um grundlegende Veränderungen zulassen zu können, die bei der *Technik* so wichtig sind, braucht es die intime Atmosphäre von Einzelstunden.

In der *Alexander-Technik* ist auch die Arbeit in Gruppen möglich. Ich treffe mich einmal im Monat mit meinen Schülern, um über die *Technik* zu diskutieren, neue Informationen zu geben und auch um ein wenig praktisch zu arbeiten. Dennoch ist die fortlaufende individuelle Arbeit erforderlich, um sicherzustellen, daß jeder die für sich angemessenen praktischen Änderungen auch annehmen kann.

WARUM SELBSTHILFEBÜCHER NICHTS NÜTZEN

Bücher können ebenso wie Gruppenunterricht informieren, begeistern und beeinflussen. Selbsthilfebücher jedoch zeigen nicht wie *Sie* vorgehen müssen und können *Ihren* besonderen Bedürfnissen und Schwierigkeiten deshalb nicht entsprechen.

WISSENSCHAFT UND ALEXANDER-TECHNIK

FRÜHE UNTERSTÜTZUNG VON SEITEN DER WISSENSCHAFT

Einige Jahre nach seiner Ankunft in England saß Alexander zusammen mit Sir Charles Sherrington, einem bedeutenden Physiologen, beim Dinner. Sherrington machte einige der wichtigsten Entdeckungen über die Kontrollfunktion, die Nerven über Muskeln haben, und welch entscheidende Bedeutung den Muskeln zukommt, indem sie das Nervensystem darüber informieren, was als nächstes getan oder nicht getan werden sollte. Auf der persönlichen Ebene war das Treffen nicht gerade ein Erfolg, jedoch ermutigte und unterstützte Sherrington die Arbeit Alexanders für den Rest seines Lebens. Er tat dies, weil er aufgrund von Untersuchungen, die er und sein Kollege Rudolf Magnus im Labor durchgeführt hatten, wußte, daß Nacken und Kopf eine entscheidende Rolle bei der Kontrolle von Körperhaltung, Gleichgewicht und Bewegung spielen.

Deshalb sagte er: «Herr Alexander hat der Wissenschaft (der Physiologie von Körperhaltung und Bewegung) einen Dienst erwiesen, indem er beharrlich jede Handlung als einen Vorgang betrachtete, der das gesamte Individuum, den ganzen psychophysischen Menschen miteinbezieht. Einen Schritt vorwärts zu tun ist also nicht eine Angelegenheit, die ausschließlich auf das eine oder andere Bein beschränkt ist, sondern ein Vorgang, der die gesamte neuromuskuläre Aktivität des jeweiligen Augenblicks betrifft, nicht zuletzt diejenige von Kopf und Hals.»

Als in den zwanziger Jahren das Werk von Rudolf Magnus veröffentlicht wurde, in dem die führende Rolle von Kopf und Nacken detailliert dargestellt wurde, begannen Physiologen und Ärzte, die Alexanders Werk anerkannten, über die Mechanismen der *Technik* zu rätseln, wie der Körper die Veränderungen, die zu beobachten sind, zustande bringt. Inzwischen nahm die Zahl der Ärzte und Chirurgen, die den großen Nutzen der *Technik* erkannt hatten, ständig zu. Neunzehn von ihnen verfaßten einen Brief an das *British Medical Journal*, in dem sie forderten, daß die *Alexander-Technik* Bestandteil der medizinischen Ausbildung werden sollte.

EXPERIMENTELLE BESTÄTIGUNG

Der wissenschaftliche Beweis, der zu Alexanders Entdeckungen noch nicht erbracht war, war der des direkten Experiments. Obwohl es viel Zeit und Geld erfordert, begannen nach Ende des Zweiten Weltkriegs experimentelle Untersuchungen in Großbritannien und in den Vereinigten Staaten.

Doktor Barlow

In Großbritannien begann Doktor Wilfred Barlow, während er seinen Dienst in der Sanitätsabteilung der Armee absolvierte, junge Rekruten zu untersuchen. Diese ersten Experimente von Barlow waren ganz einfach: er befestigte ein Maßband an der Rückseite des Kopfes der Probanden und ließ die Länge zwischen Hinterkopf und Halsansatz messen, und zwar einmal im Stehen und einmal während dem Hinsetzen. Während des Hinsetzens kam es zu einer Verkürzung des Abstands zwischen diesen beiden Punkten,

Wahrnehmungen können ungenau sein – einige waren der Ansicht, ihr Hals hätte sich nicht verkürzt, während dies in Wirklichkeit doch geschehen war . . .

verursacht durch das Zurückziehen des Kopfes. Bei jedem der 56 Rekruten wurde zweimal gemessen, die jeweils kleinsten Abstände addiert und der Durchschnitt errechnet. Bei jedem Probanden war eine gewisse Verkürzung dieses Abstands festzustellen. Bei 45 Rekruten betrug der Unterschied mehr als ein Inch (1 Inch = 2,54 cm), und nur dreien war bewußt, daß eine Verkürzung eingetreten war. Selbst als die Rekruten gebeten wurden, sich auf dieses Verkürzen zu konzentrieren, waren nur zwölf in der Lage, es wahrzunehmen. Als dann verlangt wurde, das Zurückziehen des Kopfes zu verhindern, konnten nur sieben diese Aufgabe erfüllen. Bei 39 Personen kam es zu einer Verkürzung von mehr als einem Inch, obwohl sie glaubten, nichts verändert zu haben. Das zeigt ganz klar, wie recht Alexander hatte, als er von der Ungenauigkeit unserer Wahrnehmungen sprach. Und solange diese so unzuverlässig sind, können wir etwas nicht einfach tun, nur indem wir versuchen, es zu tun.

In einem anderen Experiment mußten Versuchspersonen eine Standard-Körperhaltung einnehmen – eine von

Professor J. M. Tanner[5] entwickelte Methode – wobei Barlow jeden Probanden von vorne, der Seite und von hinten fotografierte. Anhand dieser Fotographien konnte er deren Körperhaltung analysieren und die Qualität der jeweiligen Haltung zuverlässig bewerten.

Barlow erteilte einer Gruppe von vierzig Studenten des *Royal College of Music* in London *Alexander*-Lektionen. Sie wurden vor Kursbeginn und dann noch einmal zum Kursende in der Standard-Körperhaltung fotografiert. Vor dem Kurs lag der Durchschnitt bei den Männern bei elf Fehlern und nach Abschluß des Kurses bei nur fünf. Bei den Frauen verringerte sich die Fehlerzahl von neun auf vier. Diese Ergebnisse wurden mit einer Gruppe von 44 Studenten der *Central School of Speech and Drama* in London verglichen, die nicht in der *Alexander-Technik* unterrichtet wurden. Ihnen wurden dafür Übungen gezeigt, deren Ziel es war, die Körperhaltung zu verbessern. In dieser Gruppe verschlechterte sich der Durchschnitt bei den Männern ein wenig, und zwar von 10,6 Fehler auf 11,7. Auch bei den Frauen stieg die Zahl von 7,5 auf 7,9.

Um einen Vergleich zu diesen beiden Gruppen zu haben, setzte Barlow seine Untersuchungen bei 112 Studentinnen einer Sportlehrerausbildung fort. Die durchschnittliche Fehlerzahl betrug in dieser Gruppe 8,5. Dieses Ergebnis läßt vermuten, daß in unserer Gesellschaft selbst junge, körperlich durchtrainierte Menschen Haltungsprobleme haben.

Nur die Studenten des *Royal College of Music* zeigten eine Zunahme an Körpergröße und an Breite in den Schultern. Alle diese Ergebnisse wurden unabhängig voneinander von Professor Tanner ausgewertet. Außerdem stellten die Lehrer des *Royal College of Music* in ihrem Bericht über die Fortschritte ihrer Studenten folgendes fest:

1. Bei allen Studenten zeigte sich eine auf die körperlichen Fähigkeiten bezogene Verbesserung in ihrem gesanglichen und schauspielerischen Können.
2. Die Studenten ließen sich leichter unterrichten und waren psychisch ausgeglichener geworden.
3. Der Grad der Verbesserungen variierte zwischen den Studenten erheblich.
4. Der Erfolg der Studenten bei einem wichtigen Gesangswettbewerb war wesentlich größer gewesen, als man hätte erwarten können.
5. Ihrer Meinung nach war die *Alexander-Technik* die beste Methode, die sie kennengelernt hatten, um die Leistung und den Vortrag eines Sängers zu verbessern, und sie sollte deshalb als Grundlage der Gesangsausbildung dienen.

Durch die Arbeit von Doktor Barlow werden die Auswirkungen der *Alexander-Technik* auf die Körperhaltung und auf die Verrichtung von Handlungen klar ersichtlich. Den Nachweis über gesundheitliche Verbesserungen konnte er aufgrund seiner klinischen Erfahrung als Arzt an einem Londoner Krankenhaus erbringen.

Professor Jones

Professor F. P. Jones, der in den Vereinigten Staaten an der *Tufts University* in der Nähe von Boston arbeitete, näherte sich der *Alexander-Technik* von einer anderen Seite. Er begann die Muskelaktivität und die Bewegungsmuster bei geführten und ungeführten Bewegungen zu messen. Die meisten Menschen verbinden das Aufrichten aus einer zusammengesunkenen Körperhaltung im Sitzen mit Anstrengung. Mißt man dabei die Muskelaktivität (mit einem Verfahren, das man Elektromyographie oder abgekürzt EMG nennt), so stellt man in der Nackenmuskulatur eine erhöhte Aktivität fest. Wenn die Versuchsperson mit Hilfe eines

Alexander-Lehrers das gewohnte Versteifen dieser Muskeln verhindern kann, empfindet sie die Bewegung als leichter, und die EMG-Aufzeichnungen verzeichnen eine geringere Aktivität.

Mit Hilfe von Röntgenaufnahmen konnte Professor Jones nachweisen, daß die *Alexander*-Bewegungen zu einer Verlängerung der Kopfwendermuskeln[6] (*M. sternocleidomastoideus*) führen. Diese Muskeln haben eine Schlüsselfunktion, da sie das Bewegen und die Stellung des Kopfes kontrollieren. Man kann sie an beiden Seiten des Halses ertasten. Bei Tänzern, die sich bemühen, eine bestimmte Stellung zu halten, sind sie besonders gut zu sehen, ebenso bei Schauspielerinnen in TV-Serien, die starke Gefühle zu zeigen versuchen. Als weitere interessante Entdeckung zeigten die Röntgenaufnahmen, daß bei *Alexander*-Schülern die Bandscheiben zwischen den einzelnen Halswirbeln an Dicke zugenommen hatten. Auf den Röntgenbildern war auch eine Vorwärtsbewegung des Schwerpunktes des Kopfes zu erkennen. Mit anderen Worten: diejenigen Versuchspersonen, die die *Alexander-Technik* anwandten, waren größer, ihr Nacken freier und ihr Kopf war nach vorne und oben ausgerichtet.

Jones wandte seine Methoden auf die Bewegung vom Sitzen zum Stehen an. Seine Photographien dieses Ablaufs dokumentieren einen schnelleren und direkteren Bewegungsvorgang. Leider veröffentlichte er keine Aufzeichnungen über die Muskelaktivität während des Bewegungsablaufes. Daher wiederholten Professor Finn Boyson-Møller von der Universität Kopenhagen und ich die Experimente. Die Ausrüstung, die wir zur Bewegungsphotographie benutzten, wurde an der Universität Kopenhagen entwickelt. Bei dem Experiment verwendeten wir auch eine sogenannte ‹Kraft-Plattform›. Dabei handelte es sich um ein Gerät, das die Stärke und die Richtung von Kräften mißt, die darauf wirken. Auch Professor Jones hatte ein solches Gerät benutzt, jedoch nicht in Kombination mit Photographie und EMG-Aufzeichnungen. Das gleichzeitige Registrieren dieser Werte hat den Vorteil, daß die Relation zwischen den drei Meßergebnissen verdeutlicht werden kann.

Unsere Messungen zeigten ganz klar, daß eine geführte Bewegung gegenüber der gewohnheitsmäßigen weniger Kraft verlangt, weniger Muskelaktivität erfordert und geschmeidiger und schneller ist.

Ein Problem beim Einsatz photographischer Techniken ist die Tatsache, daß die langsamen Bewegungen nicht deutlich werden und daß es zu Fehlern führt, wenn man Messungen an der Photographie selbst vornimmt. Deshalb benutzte ich im weiteren Verlauf meiner Untersuchungen ein neues elektronisches System zur Bewegungsanalyse, das *Coda 3* genannt wird. In einer Versuchsreihe wurde die Veränderung in Geschwindigkeit und Richtung zwischen folgenden drei Bewegungsarten gemessen: wenn sich jemand in der gewohnten Art und Weise bewegte; dann, wenn er versuchte, sich schneller zu bewegen, und schließlich, wenn er die *Alexander-Technik* ohne Anleitung anwandte.

Die Ergebnisse zeigten, daß die Anwendung der *Alexander-Technik* zu einer gleichmäßigeren Aufwärtsbewegung führte, wobei es zu weniger kräfteraubenden Bewegungen des Körpers nach unten und hinten kam. Deshalb beanspruchte die Bewegung weniger Zeit und Kraft. Kurz, sie war wirkungsvoller.

Schreckmuster

In anderen Experimenten untersuchte Professor Jones das Schreckmuster. Dabei handelt es sich um die typische Reaktion eines Menschen, der beispielsweise durch einen plötzlichen, unerwarteten Lärm erschreckt wird. Jones fand heraus, daß dieses Muster immer im Nacken beginnt und sich von dort an den Muskeln entlang nach unten hin ausbreitet. Dadurch werden der Kopf zurückgezogen, die Schultern

angehoben, die Brust flach, die Arme gestreckt und die Beine gebeugt. Wenn man sich die Leute auf der Straße anschaut, scheint es, als ob das Schreckmuster mit zunehmendem Alter mehr und mehr zur Norm wird. Die Balance des Kopfes ist verändert, der Hals kürzer und nach vorne gezogen. Der Kopf wird durch die Kopfwendemuskeln und den Trapezius-Muskel nach hinten gezogen, entsprechend der Anspannung dieser Muskeln bei gewohnheitsmäßigen Bewegungen, wie sie weiter vorne besprochen wurden.

Analyse der ‹Körperschwankungen›

Was geschieht mit unserem Gleichgewicht, wenn wir dieses Steifwerden verhindern? Ein gutes Maß dafür bietet das Analysieren der ‹Körperschwankungen›. Wenn wir stehen, stehen wir nicht ganz still, sondern schwanken ein wenig. Normalerweise kann man es nicht wahrnehmen, aber wenn wir betrunken sind oder wenn bestimmte Hirnbereiche zerstört sind, wird dieses Schwanken offensichtlich. Mit Hilfe einer ‹Kraft-Plattform› können wir das Schwanken analysieren, dessen Ausmaß und Geschwindigkeit feststellen. Dr. Roger Soames und ich planen an der Londoner Universität Experimente durchzuführen, um die Auswirkungen von *Alexander*-Lektionen auf das Schwanken des Körpers zu bestimmen.

Verlagerung des Gleichgewichtszentrums

Wie man anhand der verschiedenen Zeichnungen erkennen kann, ist das Ergebnis des *Alexander*-Unterrichts normalerweise eine aufrechtere Haltung, ein besseres Ausgerichtetsein der verschiedenen Körperteile zueinander. Das wurde von Dr. David Garlick an der Universität von New South Wales in Australien eingehend untersucht. Er fand heraus, daß durch die *Alexander-Technik* das Gleichgewichtszentrum des Körpers etwas nach hinten verlagert wird, was die Ergebnisse von Barlow und auch meine Beobachtungen bestätigt.

QUALITÄT DER LEISTUNGEN

Doktor Barlows Untersuchungen, bei denen es um die Auswirkungen der *Alexander-Technik* auf den gesanglichen Vortrag ging, zeigten, daß eine Beziehung zwischen den objektiv wahrnehmbaren Veränderungen in der Körperhaltung und den Berichten der Professoren über die gesanglichen Leistungen ihrer Studenten bestand. Jones konnte verdeutlichen, daß nicht nur der Sänger und seine Zuhörer die Verbesserung der Stimme und der Atmung bemerkten, sondern, daß es zu objektiv meßbaren Veränderungen im Klang kam, die mit Hilfe einer Spektralanalyse aufgezeichnet wurden.

BLUTDRUCK

Sowohl Jones als auch Barlow berichten von Fällen, wo es bei Studenten mit Hypertonie (Bluthochdruck) zu einer Senkung des Blutdrucks kam. Um den Einfluß bei Versuchspersonen mit normalem Blutdruck genauer zu betrachten, führten Michael Nielsen von der Universität Aarhus in Dänemark und ich Experimente bei Musikern durch, die unter Streß standen, und zwar vor und nach den *Alexander*-Lektionen. Diese Untersuchungen zeigten eine signifikante Senkung des Blutdrucks.

ATMUNG

Dr. Barlow war der Ansicht, daß die *Technik* auch in Fällen von Atembeschwerden nützlich sei. Doktor Garlick und sein Team haben auch Untersuchungen zur Atmung durchgeführt und herausgefunden, daß sie bei Menschen, die *Alexander*-Unterricht erhalten haben, tiefer und langsamer ist.

In den Vereinigten Staaten führte Dr. John Austin Messungen der Lungenkapazität und des exspiratorischen Reservevolumens durch, wobei letzteres ein sehr gutes Maß dafür ist, wie gut die Lungen funktionieren. Beide Meßwerte verbesserten sich nach einer Serie von *Alexander*-Lektionen deutlich.

VERDAUUNGSBESCHWERDEN

Dr. Barlow vertrat auch die Ansicht, daß die *Technik* bei verschiedenen Beschwerden des Verdauungssystems hilfreich sei. Bisher wurden noch keine experimentellen Studien veröffentlicht, aber Barlows klinische Ergebnisse und die anderer Ärzte bestätigen Fälle, von denen Alexander berichtet hat. Alexander behauptete, daß die Probleme, bei denen die *Technik* zu einer Besserung führt, ursprünglich durch den hohen Druck verursacht werden, der durch das Verengen und Nach-unten-ziehen entstehe und so eine nach unten gerichtete Bewegung der verschiedenen inneren Organe hervorrufe. Indem sie die Länge und Breite des Rumpfes wiederherstellt, ermöglicht die *Technik*, daß diese Organe wieder in ihre normale Position und damit zu ihrer normalen Funktion zurückkehren.

Es bleibt noch viel Arbeit zu tun, um die Auswirkungen der *Technik* gründlicher zu erforschen. Zu diesem Zweck wurde der *Alexander Research Trust* ins Leben gerufen. Erstens findet die Nützlichkeit der *Technik* in immer größerem Maße Anerkennung, indem man ihre Ergebnisse dokumentiert. Zweitens werden wir die *Technik* besser verstehen, wenn aufgedeckt wird, wie sie diese Ergebnisse zustande bringt. Als weitere Folge können wir auch wirksame Methoden zum Unterrichten der *Technik* finden und zu einem tieferen Verständnis des Menschen beitragen.

WIE KANN ICH MIR SELBST HELFEN?

Es gehört zum Erlernen der *Technik* herauszufinden, wie man sie auf das eigene Leben und die eigenen Interessen anwenden kann. In diesem Kapitel skizziere ich einige Gedanken dazu und hoffe, daß diese Bemerkungen für Sie eine nützliche Bereicherung zur praktischen Arbeit mit Ihrem Lehrer darstellen. Während dieses Kapitels gehe ich immer davon aus, daß Sie *Alexander*-Stunden nehmen oder bereits genommen haben. (Dieses Buch soll auf keinen Fall ein Selbsthilfebuch sein.)

LIEGEN – MIT BÜCHERN UNTER DEM KOPF

Die meisten Lehrer werden Sie zumindest während eines Teils der Stunden darin unterrichten zu liegen, wobei der Kopf auf ein paar Büchern ruht. Es soll hier betont werden, daß dies kein Vorschlag ist, in dieser Stellung zu schlafen. Wir wenden diese Methode an, um Ihnen die beste Möglichkeit zu geben, den Körper in eine gute Form zu bringen. Alles was man braucht, ist ein gut temperierter Raum, ein Tisch, auf dem eine Decke oder ein Stück Teppichboden liegt und ein paar Taschenbücher. Das Prinzip dieser Übung ist, daß sich, indem man den Körper auf eine flache, feste Unterlage legt, nicht nur die Muskeln entspannen sondern sich auch die Form des Körpers ändert. Die Wirbelsäule

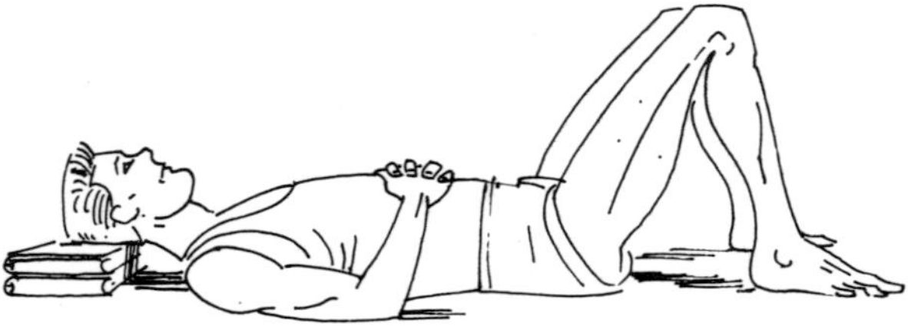

Liegen – mit Büchern unter dem Kopf

verlängert sich, die Rippen können sich weiten und der Kopf findet am oberen Ende des Nackens durch das Gewicht des Schädels vorwärts geneigt seine bequemste Stellung.

Welche Höhe sollen die Bücher haben?

Die Anzahl der benötigten Bücher hängt von Ihrer Körpergröße und dem Ausmaß der Rückenkrümmungen ab. Eine ungefähre Vorstellung davon, wieviele Bücher man braucht, erhält man am einfachsten, wenn man sich ganz normal an eine Wand stellt, wobei Schultern und Gesäß diese berühren. Dabei mißt man den Abstand zwischen dem Hinterkopf und der Wand. Zu der gemessenen Entfernung zählt man 2,5 cm hinzu und erhält so die ungefähre Höhe, die die Bücher haben sollten. Ihr *Alexander*-Lehrer kann Ihnen noch genauere Informationen geben.

Wie legt man sich hin

Wie Sie in Ihrem Unterricht sicher schon erfahren haben, kommt es immer zu Verkürzungen, wenn man irgendetwas einfach tun will. Stattdessen muß man innehalten und sich seine *Anweisungen* geben. Es ist sinnvoll, mit verschiedenen Arten des Hinlegens zu experimentieren, um zu vermeiden, daß der Versuch, es richtig zu tun, zur starren Gewohnheit wird. Wenn Sie sich so hinlegen, wie oben gezeichnet, sollten Sie einen Moment lang innehalten und statt zu versuchen, es sich bequem zu machen, sich daran erinnern, wie problematisch es ist, blindlings seinen Wahrnehmungen zu vertrauen. Lassen Sie den Kopf einfach auf den Büchern und den Rücken auf dem Tisch bzw. Boden ruhen. Gestatten Sie sich, diese Erfahrung zu genießen. Damit meine ich nicht, daß man sich vorgaukelt, sie sei gut, wenn dem nicht so ist. Falls Sie Schmerzen haben, sprechen Sie bitte mit Ihrem *Alexander*-Lehrer, und suchen Sie nötigenfalls einen Arzt auf. Fühlen Sie sich nach dem Innehalten unbequem, dann bewegen Sie sich und wiederholen diesen Vorgang.

Ohne das Gefühl des Genießens und das Bewußtsein, daß Rücken und Kopf getragen werden, zu verlieren, denken Sie daran, daß der Nacken frei ist, wie Sie es in den Unterrichtsstunden gelernt haben. Wird der Nacken freigelassen, dann kippt der Kopf relativ zum Nacken durch den von den Büchern ausgehenden, nach oben gerichteten Druck langsam vorwärts. Lassen Sie einfach zu, daß dies geschieht. Wenn der Nacken frei gelassen wird und der Kopf sich nach vorne neigt, kommt es zu einer Verlängerung der Wirbelsäule und zu einem Weiten des Rumpfes. In der Unterrichtssituation wird dies durch die Hände des Lehrers bewerkstelligt. Sind Sie auf sich allein gestellt, wird es dadurch ermöglicht, da Sie sich selbst *Anweisungen* geben. Natürlich unterstützt Sie der Lehrer während der *Alexander*-Stunden mit seinen Händen, Ihre *Anweisungen* zu geben. Diese Hilfe ersetzt jedoch nicht Ihr eigenes Denken der *Anweisungen*. Andere nützliche *Anweisungen* sind, Arme und Beine locker zu lassen und zu verlängern (dies wird Ihr *Alexander*-Lehrer Ihnen beibringen, wenn Sie dafür bereit sind). Hierbei ist besonders wichtig, sich nicht auf einen bestimmten Teil des Körpers zu konzentrieren. Die *Primärkontrolle* muß beibehalten werden, während wir unsere Aufmerksamkeit ausdehnen und die Extremitäten miteinbeziehen. Man darf die *Primärkontrolle* nicht aus den Augen verlieren und sich nur auf den Körperteil konzentrieren, an dem man arbeitet.

SITZEN

Das Sitzen beansprucht die Wirbelsäule mehr als das Stehen. Deshalb überrascht es nicht, daß Menschen, die viel sitzen (insbesondere beim Autofahren) leicht Rückenschmerzen bekommen. Ihre Chancen, von diesen Schmerzen verschont zu bleiben, hängen zum großen Teil davon ab, wie Sie sitzen. Das zusammengesunkene Sitzen, besonders wenn Sie sich dabei nach vorne lehnen, verstärkt den Druck auf die Bandscheiben der Wirbelsäule. *Alexander*-Stunden werden in beträchtlichem Ausmaß helfen, das Zusammensinken abzuschwächen. Wenn Sie mit Ihrem *Alexander*-Lehrer an den besonderen Erfordernissen arbeiten, die Ihr Beruf und Ihre Interessen mit sich bringen, können Sie Hilfe für diese Lebensbereiche finden.

Müssen Sie über längere Zeit hinweg sitzen, so dürften Sie das Konzept zur Unterstützung des Beckens nützlich finden. Diese Idee wurde von John Gorman, einem Ingenieur, entwickelt, der an Rückenschmerzen litt. Seine Beweisführung ist interessant, obwohl sie bis jetzt noch nicht allgemein anerkannt ist. Wenn wir in einer ausgewogenen Weise auf einer harten, flachen Unterlage sitzen, sind das Becken und die untere Wirbelsäule ungefähr in der Stellung, wie sie in Abbildung A auf Seite 96 gezeigt wird. Wenn wir jedoch ermüden, dann sinken wir zusammen. Das ist die typische Haltung, in die man ohne Beckenstütze beim Sitzen, ganz egal wie lange, kommt (vgl. Abb. B).

Unglücklicherweise begingen Designer und Ergonomen den Fehler, diese zur Gewohnheit gewordene Haltung, die durch falschen Umgang mit dem Körper und durch Ermüdung verursacht wird, als die natürliche anzusehen. Dementsprechend wurden Sitzmöbel entworfen, die auf dieses Muster zugeschnitten sind. Obwohl es in den letzten Jahren zumindet bei der Gestaltung von Autositzen zu einigen Verbesserungen kam, sitzen die meisten Menschen selbst in gut konstruierten Sitzen so wie es Abbildung B zeigt. Das liegt zum einen an der Macht der Gewohnheit und zum anderen an der mangelnden Unterstützung des Beckens. Abbildung C zeigt ein typisches Beispiel hierfür. Vergleichen Sie dieses mit Abbildung D, wo die Beckenstütze angewandt wird. Der Unterschied in der Krümmung der Lendenwirbelsäule ist offensichtlich, besonders an deren unterem Ende.

Da die meisten Bandscheibenvorfälle an den beiden unteren Gelenken der Lendenwirbelsäule auftreten (Hexenschuß!), kann man davon ausgehen, daß durch ein Korrigieren der Krümmung in diesem Bereich solche Schäden vermieden werden. Für ein aktiveres Sitzen ist es oft besser, die Rückenlehne nicht zu gebrauchen. Wenn man einen stabilen Stuhl benutzt, dessen Sitzfläche etwa 10 bis 15 Grad nach vorne geneigt werden kann, unterstützt man die Stabilisation des Beckens. Eine weitere Hilfe ist die Sitzhöhe so einzustellen, daß der Winkel zwischen Rumpf und Oberschenkeln etwa 120 Grad beträgt.

An dieser Stelle muß mit Nachdruck gesagt werden, wie wichtig es ist, sich nicht zu aufrechtem Sitzen zu zwingen. Ein berühmter Horn-Virtuose konnte dies am eigenen Leib erfahren. Da er wußte, wie wichtig eine gute Körperhaltung beim Spielen seines Instrumentes ist, brüstete er sich immer damit, wie aufrecht er saß. Unglücklicherweise handelte es sich hierbei um ein steifes, angestrengtes Geradesitzen, was ihm schließlich zwei verschobenen Bandscheiben einbrachte. Dadurch wurde er gezwungen, seine Einstellung und seine Sitzweise neu zu überdenken. Er nahm *Alexander*-Stunden und fand heraus, wie er frei und ungezwungen sitzen konnte. Außerdem entdeckte er, daß seine Rückenbeschwerden Teil eines gesamten Musters von übermäßiger

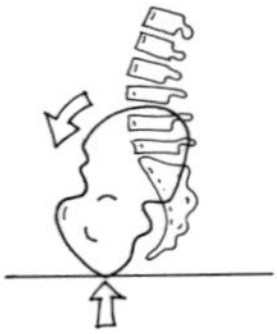

A. Ausgewogenes Sitzen

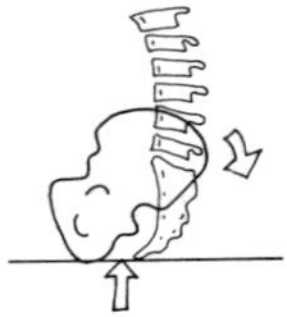

B. Zusammengesunkenes Sitzen

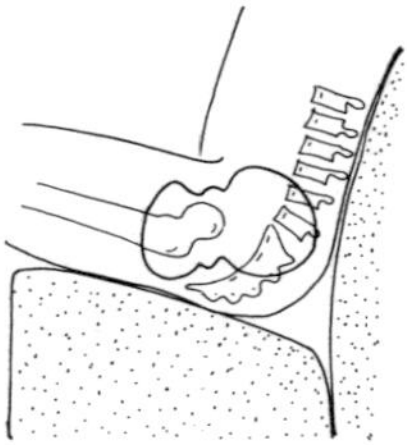

C. Typisches «normales» Sitzen im Sessel oder Autositz

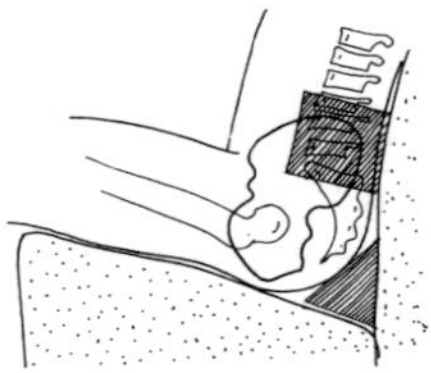

D. Sitzen mit Beckenstütze

Anspannung und Versteifung waren. Eine andere Auswirkung dieses Verhaltensmusters war eine schlechte Atmung. Allmählich verschwanden nicht nur seine Rückenschmerzen, sondern auch sein Spiel verbesserte sich.

Die Art von Stühlen, die ich oben angesprochen habe, stellen Hilfsmittel dar, um auf einfache Weise aufrecht zu sitzen. Sie sind jedoch kein Ersatz für ein korrektes Sitzen. Man kann nämlich auch auf einem optimal konstruierten Stuhl zusammensinken oder übermäßig angespannt sitzen. Indem Sie die *Technik* anwenden, werden Sie in die Lage versetzt, gute Stühle optimal zu benutzen und besser mit schlechten Sitzmöbeln zurechtzukommen, die man zwangsläufig überall vorfindet.

AUF DEM BODEN SITZEN

Aufgrund der steigenden Popularität von Yoga und Meditation sitzen viele Erwachsene gerne auf dem Boden. Ein solches Sitzen ist natürlich und hat schlechten Stühlen gegenüber Vorteile. Dennoch ist es wichtig, sich daran zu erinnern, daß Gewohnheit in allen Situationen wirksam ist. Sich auf den Boden zu setzen reicht noch nicht aus, um schlechte Angewohnheiten im Umgang mit unserem Körper zu unterbinden. Zu oft sieht man Leute zusammengesunken oder abgespannt am Boden sitzen, wobei sie manchmal versuchen, sich mit Kissen zu stützen. Eine einfache Hilfe stellt ein Stapel Telefonbücher dar, auf dem man sitzt. Die Anzahl der benötigten Bücher wird durch folgende Regel ermittelt. Wenn man mit überkreuzten Beinen sitzt, sollten die Knie nicht höher als die Hüftgelenke sein. Bitte beachten Sie, daß dies nicht zutrifft, wenn Sie sehr steif sind. In diesem Fall empfehle ich Ihnen, mit Ihrem *Alexander*-Lehrer darüber zu sprechen.

ÜBUNGEN

Das Ausüben sportlicher Aktivitäten oder gymnastischer Übungen hat seinen Ursprung im natürlichen Drang zur Bewegung. Tiere in der Wildnis brauchen Sport ebensowenig wie die sogenannten primitiven Menschen. Das ist nicht weiter erstaunlich, denn sich schnell und gut bewegen zu können, ist entscheidend für das Überleben in der Natur. Je zivilisierter die Menschen wurden, desto weniger gebrauchten sie ihre Körper. Dies gilt als Argument für gymnastische Übungen oder Sport, nämlich dem Körper die Möglichkeit zu geben, ‹durchbewegt› zu werden. Das Problem nun ist, daß wir den Körper nicht nur unterfordern, sondern auch falsch mit ihm umgehen. Wenn wir uns mit letzterem nicht

«Stellen Sie auch einen Roboter her,
der die Knöpfe drückt?»

Je zivilisierter die Menschen wurden, desto weniger gebrauchten sie ihren Körper.

beschäftigen und es ausschalten, werden wir mit unserem Körpertraining zugleich auch das falsche Umgehen trainieren. Es ist so, als ob man versucht, ein schlecht gewartetes Auto zu fahren; zwangsläufig wird dabei etwas schiefgehen. Als erstes gilt es anzuhalten und die Schäden zu beheben.

Bei Athleten, die die *Technik* angewandt haben, war das Ergebnis eine Verbesserung ihrer Leistungen und einer Verringerung der Verletzungsgefahr. Nehmen wir Paul Collins, einen Marathonläufer von internationalem Rang, der 1952 sein Land bei den Olympischen Spielen vertrat. Knieverletzungen zwangen ihn dazu, das Laufen viele Jahre lang aufzugeben. Später stieß er zufällig auf die *Alexander-Technik*, und nachdem er darin Unterricht hatte, bemerkte er, daß sich der Zustand seiner Kniegelenke gebessert hatte. Er begann wieder zu laufen und hält heute im Alter von 60 Jahren bei Seniorenwettkämpfen mehrere Weltrekorde.

Howard Payne war Hammerwerfer mit Olympia-Niveau. Im Alter von 40 Jahren dachte er ‹zum alten Eisen› zu gehören. Auch er lernte durch Zufall die *Alexander-Technik* kennen. Das Resultat waren größere Weiten in seinen Würfen, und er empfand viel mehr Freude an seinem Sport.

Auf einer weniger professionellen Stufe nahmen ein paar Kollegen und ich bei Paul Collins Unterricht im Laufen. Dabei zeigte er uns, wie man die *Technik* anwenden kann. Die Wirkung war begeisternd: das übliche Gefühl von Anstrengung und Plagerei verschwand. Laufen wurde zum freudigen Ausdruck der natürlichen Fähigkeiten unseres Körpers und war nicht etwas, das man ihm mit Willenskraft auferlegen mußte. Auf einer objektiven Stufe konnten wir feststellen, daß sich die Bewegungsweise veränderte, von derjenigen eines normalen Joggers, den man tagtäglich sieht, wie er sich mit großer Mühe und Anstrengung fortbewegt, zu dem Stil eines Steve Cram und anderer Spitzenläufer. Übungen müssen nicht anstrengend sein, um gut zu tun.

Neuere Untersuchungen zeigen, daß es am besten ist, etwas zu tun, was einer Stunde spazierengehen gleichkommt. Elaine T. ist wissenschaftlich arbeitende Chemikerin, deren Freund sich für Bergwandern begeistert. Er ist groß und hat lange Beine, während Elaine klein und mollig ist. Als sie sich kennenlernten, wollte sie natürlich sein Interesse teilen, mußte aber feststellen, daß sie nicht mit ihm mithalten konnte. Aus völlig anderen Gründen begann sie *Alexander*-Stunden zu nehmen und entdeckte, daß ihr von diesem Zeitpunkt das Gehen leichter fiel und sie bald einen ganzen Tag lang mit ihrem Freund mithalten konnte, ohne danach übermäßig erschöpft zu sein.

Schwimmen ist eine weitere Sportart, auf die *Alexander*-Schüler die *Technik* angewendet haben. Tony Buzan, der international Vorträge darüber hält, wie man das Gehirn besser nutzen kann, ist auch ein erfahrener Langstreckenschwimmer. Die *Alexander-Technik* veränderte seinen Schwimmstil erheblich. Anstatt gegen das Wasser zu kämpfen, wurden seine Schwimmbewegungen geschmeidiger und effektiver. Besonders das *Anweisungen geben* ließ ihn sei-

Elaine ist klein und ihr Freund groß. Beide wandern gerne. Aber sie konnte nicht mit ihm mithalten.

nen Kopf viel leichter bewegen, um Luft zu holen, und das Atmen wurde einfacher und tiefer.

HEBEN UND TRAGEN

Wir können es nicht umgehen, Dinge zu heben und zu tragen, aber wir können einige der schädlichen Auswirkungen des Hebens und Tragens vermeiden. Im Laufe der Unterrichtsstunden werden Sie ziemlich sicher die ‹mechanisch günstige Körperstellung› – oder wie wir sie nennen: den *monkey (die Affenstellung)* – kennenlernen. Das Erlernen dieser Körperhaltung (oder genauer Bewegung) gibt Ihnen eine Möglichkeit, die *Technik* in jeder Situation, die Körperkraft verlangt, anzuwenden. Es handelt sich hierbei um die Körperstellung, die Menschen ganz natürlich einnehmen, wenn sie sich auf etwas vobereiten, das Anstrengung erfordert. Tennisspieler, die auf den Aufschlag ihres Gegners warten, Läufer beim Start eines Wettlaufes, Golfspieler und der Schläger beim Kricket sind nur einige Beispiele.

Im täglichen Leben sieht man diese Körperhaltung am häufigsten, wenn sich jemand bereit macht, einen Gegenstand hochzuheben.

Das Problem ist wieder einmal die Gewohnheit. Die Lösung ist wieder *Innehalten* und *Anweisung* geben. Der Unterschied zwischen dem gewohnheitsgemäßen und dem durch *Anweisung* bewußten Körpergebrauch beim Heben läßt sich deutlich demonstrieren. Bei den meisten Menschen ist die Wirbelsäule deformiert, das Körpergewicht zu weit vorne, und die Muskeln sind übermäßig angespannt. Beim Umgang mit sich, bei dem man sich *Anweisungen* gibt, behält die Wirbelsäule ihre natürliche Form bei, das Körpergewicht bleibt weit genug hinten, was das Heben unterstützt: die Muskeln sind locker und frei, sich zu dehnen, und ermöglichen der Bewegung so einen federnden, elastischen Beginn.

SCHREIBEN

Beim Schreiben kann man häufig die seltsamsten Arten von Umgang mit dem Körper beobachten. Das führt zu einer entsprechenden Vielzahl von Problemen, wozu Nackenschmerzen, steife, schmerzende Schultern, Schreibkrampf, Kopfschmerzen, Rückenschmerzen, Magenschmerzen usw. gehören. Beobachtet man die Art und Weise, wie manche Menschen schreiben, so ist dies wirklich nicht überraschend. Der Nacken ist oft sehr verkrampft, die Schultern angehoben, man stützt sich auf den Ellbogen; Handgelenk und Finger werden so fest gehalten, daß sie weiß werden. Die Beine sind häufig übereinander geschlagen und die Füße vom Boden abgehoben oder wippen auf und nieder, als ob man wegrennen wollte. Alle diese nervösen Reaktionen können ‹verlernt› werden, und damit hören nicht nur die Schmerzen auf, sondern man hat eine viel bessere Handschrift und mehr Freude an der Aufgabe.

Beim Schreiben kann man häufig die seltsamsten Arten von Umgang mit dem Körper beobachten.

Die allumfassende Lösung dieser und anderer Probleme des Alltags ist nicht irgendein sklavisch mechanischer Gebrauch der *Technik*. Das Lehren von Körpermechanik oder guter Haltung wird die Probleme nicht beheben. Folgendes wurde mir von einem führenden Experten für die Bekämpfung von Rückenschmerzen berichtet. Sein Mitarbeiterstab wurde gebeten, die Arbeiter einer Firma im Heben schwerer Lasten zu unterweisen. Zuerst beobachteten sie die Arbeiter und sahen, wie diese versuchten, während sie Gegenstände vom Boden hochhoben, ihren Rücken zu beugen und die Beine gerade zu halten. Also trainierte das Expertenteam die Arbeiter in guter Körpermechanik, was bedeutete, daß sie beim Heben den Rücken gerade halten und die Knie beugen sollten. Das Ergebnis war, daß die Zahl der Fälle mit Rückenschmerzen abnahm, aber die Zahl der Arbeiter mit Kniebeschwerden anstieg. Das ist ein gutes Beispiel dafür, daß die wirklichen Ursachen nicht gesehen worden sind, da die Botschaft der *Alexander-Technik* nicht verstanden wurde.

Stattdessen ist eine einfühlsame und persönliche Erziehung des Einzelnen vonnöten, die ihm einerseits klar macht, daß er unangemessen auf Anforderungen reagiert und ihm andererseits hilft, einen praktischen Weg zu finden, um in Zukunft den Anforderungen auf eine bessere Weise zu entsprechen.

REHABILITATION

Einer der wichtigsten Anwendungsbereiche für die *Technik* ist das Gebiet der Rehabilitation. Während der Genesungszeit ist der Körper schwach und braucht die bestmöglichen Voraussetzungen, sich wieder aufzubauen und zu erneuern, was durch eine Verbesserung des Gleichgewichts, der Körperhaltung und des Bewegungsablaufes erreicht werden kann. Diese Voraussetzungen tragen in Verbindung mit den anderen Rehabilitationsmaßnahmen dazu bei, die auf das verletzte Gewebe mechanisch (durch falsche Körperhaltung) einwirkenden Kräfte zu reduzieren und machen so die Genesungszeit zu einer positiven Möglichkeit, sich auf neue und bessere Weise dem normalen Leben zuzuwenden.

EINE UMFASSENDERE PERSPEKTIVE

Menschen aus allen möglichen Lebensbereichen haben mit Hilfe der *Alexander-Technik* gelernt, wie sie ihren allgemeinen Gesundheitszustand und ihre Leistungen verbessern können. Ich hoffe, daß ich dies anhand der gegebenen Beispiele verdeutlichen konnte. Die *Technik* weckt in uns ein gesundes Interesse, besser mit uns und unserem Körper umzugehen. Sie lehrt uns zu sehen, wo wir den Weg verfehlen und hilft uns, etwas dagegen zu unternehmen. Ich finde, daß das Beobachten von kleinen Kindern, wilden Tieren, großen Sportlern, Tänzern und darstellenden Künstlern allgemein eine wertvolle Hilfe ist. An ihnen können wir sehen, daß trotz enormer Anforderungen und großem Streß das schöpferischste und kraftvollste Agieren mit einem Maximum an Geschicklichkeit ausgeführt wird.

Die *Technik* dringt zum Zentrum dessen vor, was wir als Menschsein ansehen. Sie arbeitet anfänglich im Grenzbereich von dem, was wir ‹körperlich› und ‹geistig› oder ‹Bewußtsein› und ‹Unterbewußtsein› nennen. Auf längere Sicht werden wir, indem wir die Ergebnisse unserer Konditionierung und anderer Einflüsse aus unserer Umgebung erkennen, lernen, wie wir die unangemessenen Reaktionen verhindern können. Wir bewegen uns weg von Fixiertsein, Unterbewußtsein und Automatismen und hin zu einer bewußteren und flexibleren Verhaltensweise. Obwohl es anfangs ziemlich schwierig ist, eine bewußte Verhaltensweise aufrecht zu erhalten, wird es mit der Zeit immer einfacher, bis zu dem Punkt, an dem sie *fast* automatisch geschieht. Indem wir eine bewußte Aufmerksamkeit entwickeln, steigern sich unsere Fähigkeiten, frei zu entscheiden und mit unseren Gewohnheiten umzugehen.

Zu oft stellen wir fest, daß wir in einer bestimmten Verhaltensweise feststecken, die auf starren Ansichten oder Ängsten beruht. Andererseits kann ‹sich verändern› eine ebenso starre Angewohnheit sein. Es ist nämlich denkbar, daß ‹sich verändern› nur eine andere Möglichkeit darstellt, etwas falsch zu machen, und daß wir auf diese Weise vermeiden, Verantwortung für unsere Entscheidungen zu übernehmen. Mit Alexanders eigenen Worten: «Diese Arbeit beschäftigt sich damit, Entscheidungen zu fällen, ihnen treu zu bleiben und gegen Gewohnheiten anzukämpfen, die uns schon unser ganzes Leben begleiten.»

Bis jetzt habe ich von der *Technik* nur in Beziehung zu uns selbst gesprochen, aber ihre Bedeutung reicht weit darüber hinaus. Nicht nur an uns als Individuen sind unausgeglichene und destruktive Verhaltensweisen zu beobachten, die durch das *Fixiertsein auf ein Ziel* verursacht werden, sondern auch in unseren Beziehungen zueinander, in der Art, wie wir unsere Kinder behandeln, in der medizinischen Versorgung, Erziehung, Politik, im Geschäftsleben und in den zwischenstaatlichen Beziehungen, um nur einige Bereiche zu nennen. Am deutlichsten wird dies vielleicht in unserem Umgang mit der Natur. In all diesen Fällen verursacht unsere alte, blinde, und wie wir oft meinen, instinktive aber zutreffender: gewohnheitsmäßige Art und Weise, wie wir uns selbst, andere Menschen und die Erde behandeln, immer größere Probleme.

Alexander entdeckte, was wir uns selbst antun, und fand einen Weg, wie wir dem Einhalt gebieten können. Wenn wir diesen Weg gehen, können wir alles, was wir tun, gut ausführen, wobei wir unsere körperliche und geistige Gesundheit bewahren. Diese Entdeckung kann meiner Ansicht nach auf all die oben erwähnten lebenswichtigen Bereiche ausgeweitet werden. Indem wir Alexanders Weg folgen, haben wir die Möglichkeit, nicht nur unseren individuellen Zustand zu verbessern, sondern auch den der Welt.

ANSCHRIFTEN

Weitere Informationen und eine Liste qualifizierter Lehrer der *Alexander-Technik* kann man bei folgenden Adressen erhalten. Bitte legen Sie Ihrer Anfrage einen großen, ausreichend frankierten Rückumschlag bei.

Deutschland

Christopher Stevens, Grillparzerstr. 13, 2000 Hamburg 76, Tel. 040-2208124

Gesellschaft der Lehrer der F. M. Alexander-Technik e.V. (GLAT), Postfach 5312, 7800 Freiburg

Großbritannien

Society of Teachers of the Alexander Technique (STAT) 10 London House, 266 Fulham Road, London SW10 9EL

Österreich

Michael Parkinson, Salesianergasse 15/12, 1030 Wien

Schweiz

Schweizer Verein der Lehrer der F. M. Alexander-Technik (SVLAT), Postfach, 8032 Zürich

ANMERKUNGEN

1 Eduard Maisel hat das Buch *Die Grundlagen der F. M. Alexander-Technik* herausgegeben, in dem er ausgewählte Texte von F. M. Alexander zusammengestellt hat. Vgl. Bibliographie.

2 Dr. Wilfred Barlow war Herausgeber der Zeitschrift *The Alexander Journal* und Autor des Buches *Die Alexander-Technik*. Vgl. Bibliographie.

3 Gemeint ist der Kopf als Ganzes, nicht etwa das Gesicht!

4 Vgl. Bibliographie.

5 Professor Tanner vom *Institute of Child Health* führte zusammen mit Dr. Barlow diese Studien zur Körperhaltung durch. In seinem Buch *Growth at Adolescence* (Oxford 1962) hat er seine Untersuchungsmethoden detailliert beschrieben.

6 Die Kopfwender sind Muskeln, die am Brustbein *(Sternum)* ansetzen und an beiden Seiten des Halses entlang sich bis zu den Warzenfortsätzen des Schläfenbeins *(Processus mastoideus)* hinter den Ohren ziehen. Sie bewirken das nach hinten und nach unten Ziehen des Kopfes und die Drehung zur entgegengesetzten Seite.

BIBLIOGRAPHIE

Alexander, F. M.; *Die Grundlagen der F. M. Alexander-Technik*, Heidelberg 1985.

Alexander, F. M.; *Der Gebrauch des Selbst*, München 1988.

Alexander, F. M.; *Constructive Conscious Control of the Individual*, London 1985.

Alexander, F. M.; *Man's Supreme Inheritance*, London 1910.

Andersson, B. J. et al; *Scandinavian Journal of Rehabilitation*, Nr. 6, Seite 104–114, 1974.

Asmussen, E. und Klausen, K.; *Form and Function of the Erect Human Spine* in: *Orthopaedics and Related Research*, Vol. 25, pp. 55–63, 1963.

Barlow, W. (Hrsg.); *The Alexander Journal*, Vol. 1–6.

Barlow, W.; *Die Alexander-Technik*, München 1984.

Barlow, W.; *More Talk of Alexander*, 1978.

Central Office of Information; *Posture and Pain* (Video on Alexander Technique and Chris Stevens research), London 1986.

Gelb, M.; *Körperdynamik*, Frankfurt/Main – Berlin 1986.

Gorman, J.; *The Cause of Lumbar Back Pain*, 1984.

Huxley, A.; *Ends and Means*, London 1937.

Jones, F. P.; *Body Awareness in Action*, 1979.

Nielsen M. and Stevens Ch.; *Stress and Professional Musicians in Medical Problems of Performing Artists*, 1989.

Sacks, O.; *Der Mann, der seine Frau mit einem Hut verwechselte*, Reinbek 1987.

Sherrington, Ch.; *The Endeavour of Jean Fernel*, 1946.

Stevens, Ch.; *Yoga* in: *Know the Game* series, 1985.

Stevens, Ch. et. al.; *The Influence of Initial Posture on Movement*, in: *European Journal of Applied Physiology*, 1989.

Stevens, Ch. (Hrsg.); *Medical and Physiological Aspects of the Alexander Technique*, London 1988.

Stevens, Ch.; *New Horizons in the Alexander Technique – The Book*, 1989.

Stevens, Ch.; *New Horizons in the Alexander Technique – The Video*, 1989.

Stevens, Ch.; *New Horizons in the Alexander Technique – The Tape*, 1989.

Tanner, J. M.; *Growth at Adolescence*, Oxford 1962.

Tinbergen, N.; *Ethology and Stress Disease*, in: *Science* Vol. 185, pp. 20–27, 1974.

Woodhall, A. M. et al; *Aligment of the Human Body in Standing* in: *European Journal of Applied Physiology*, pp. 109–115, 1985.